거짓말 게임

거짓말 게임

지위를 과시하는 세계에서
너와 내가 동등하게
만나기 위한 정치학

민음사

거짓말 게임 끝!

드라마 「사랑의 이해」에는 쉽게 말하지 못하는 진심을 말하기 위해 '거짓말 게임'을 하는 장면이 등장한다. 거짓말만 해야 하는 거짓말 게임은 진실만을 말해야 하는 '진실 게임'에 비해 시답잖아 보인다. 드라마는 같은 직장 안에서 이루어지는 지난하고 복잡한 남녀 간 사랑의 문법을 보여 주던 차. 비정규직을 막 벗어났지만 대학을 나오지 못해 직군의 차이라는 미묘한 차별을 받고 있는 여자 주인공 수영은 명문대를 나와 정규직으로 입사한 남자 주인공 상수를 바라본다. 상수는 자신과 어쩐지 달라 보이는 수영에게 끌리면서도 만나기를 주저한다. 어제 로또 1등에 당첨됐다는 둥 뻔한 거짓말을 주고받던 남자와 여자의 대화는, "처음 봤을 때부터 좋았어요."라는 수영의 '거짓말'에 요동친다. 그리고 눈물을 글썽이는 수영의 말이 이어진다. "거짓말 게임 끝!"

거짓말이란 참말의 반대이니 수영이 상수를 좋아하지 않는 것이 진실이라고 생각한다면, 이 요상한 게임의 묘미를 이해하지 못한 것이다. 내용의 진릿값을 곧장 확인할 수 있는 뻔한 거짓말들과 달리 수영의 거짓말은 해석을 요구한다. 물론 눈물을 글썽이는 비언어적 표현에서 거짓말이 곧 참말이라는 호소를 쉽게 읽어 낼 수 있지만 말이다.

주인공들의 대화를 좇아가는 드라마가 아니라 실제로 대화를 주고받아야 하는 현실의 우리는 조금 다른 처지에 있을지 모른다. 어쩌면 이런 푸념도 가능할 것이다. 복잡하고 피곤한 세상에는 거짓이 아니라 진실이 필요하다! 그런 요청을 반영해 대사를 다시 써 보자. "당신은 명문대를 나오고 정규직으로 입사한 엘리트 사원이기 때문에 비정규직을 벗어나도 차별 대우를 받고 있는 나 따위를 정말로 좋아할 리 없죠?"라고 말이다. 같은 맥락에서 남자의 대사도 쓸 수 있겠다. "나는 힘들게 공부해서 명문대를 나오고 공정한 입사 시험을 통과해 정규직이 되었으니, 당신을 진지하게 만나는 것은 어쩐지 매번 꺼려집니다. 우리는 너무 달라요!"라고. 이런 대사라면 아무도 보지 않을 이야기가 되겠지만, 어쩐지 현실 속의 우리 모습과 유사하다는 생각을 지울 수 없다.

말할 수 없는 진실

거짓말 게임을 제안한 수영을 두고 누군가는 이 요망한 여자가 고단수라고 생각할지도 모르겠지만,(실제로 그는 극중에서 무성한 소문과 뒷말의 주인공이다.) 나는 이 이야기에서 누군가와 동등한 관계로 만나고 싶어 하는 수영의 고군분투를 읽는다. 상수에게는 단순한 사랑의 문제였던 것이 수영에게는 위계의 문제로 느껴진다. 정규직이 되었음에도 서비스 직군과 일반 직군이라는 구분법은 여전히 작동하고, 차별의 경계를 넘어서려는 은행원 수영의 노력은 상수와 벌이는 감정의 줄다리기와 언제나 겹쳐 있다.

드라마의 배경은 한 치의 손해도 용납할 수 없는 은행, 서로의 직급과 이해관계에 따른 이합집산이 벌어지는 사내 정치의 한복판이다. 같은 직장 내에서의 복잡한 연애라는 설정은 도대체 이들이 언제 일하는지 의문을 자아내지만, 젠더, 학벌, 사회적 지위, 경제적 차이, 그로 인해 생기는 문화적 격차라는 힘의 위계 속에 인물들을 촘촘하게 배치하는 역할을 한다. 이 위계의 그물망에서 상수조차 절대적인 지위에 있지 않다. 하지만 어떤 범주에서도 약자일 수밖에 없는 수영은 오직 거짓말 게임을 통해서만 이 그물망을 잠시 벗어난 것처럼 보인다.

거짓말을 통해서만 진심을 전달할 수 있는 수영의 처지는 동등한 관계가 되기 위해서 오히려 말할 수 없는 것들이 생긴다는 점을 보여 준다. 무엇을 말할 수 없는가? 바로 서로 동등하지 않다는 사실이다. 아니, 어쩌면 말할 수 없는 것이 아니라 말하지 않아야 하는 것인지도 모른다. 수영과 마찬가지로, 우리가 타자를 만나기 위해서는 바로 이 진실과 거짓의 틈바구

니를 비집고 들어가야 한다. 그렇다면 거짓말 게임이 지탱하려고 하는 진실의 구체적인 의미는 무엇일까?

이제 사랑이 아니라 정치를 이해할 시간이다. 수영이 거짓말 게임을 통해 "당신과 나는 동등해요."라고 하지 않고 "처음 봤을 때부터 좋았어요."라고 한 사실에 주목해 보자. 수영이 상수에게 너와 나는 동등하다고 말하는 것은 어떤 다른 의미값을 내포하지 않은 거짓말에 불과하다. 반면 "처음 봤을 때부터 좋았어요."라는 말은 불평등한 현실에서 우리가 만나기 위한 섬세한 거짓말의 가능성을 보여 준다. 거짓말 게임이 없다면 동등하다는 것이 진실인지 거짓인지를 두고 끝나지 않은 싸움만이 반복될 뿐이다.

불평등 문제를 둘러싼 진실 게임

나는 이 책에서 동등함을 진실과 거짓의 문제가 아니라 사회적 감정을 진정으로 교류할 수 있는 허구적 토대로 다루려고 한다. 거짓말 게임이라는 형식은 불평등한 현실과 그럼에도 동등해지려고 하는 사람들의 소망을 반영하는 근대사회의 근본적인 동학을 제공한다. 동등하지 못한 사람들이 어떻게 동등하게 만날 수 있을까? 이는 근대국가의 등장 이후 여러 사상가들이 다뤄 온 문제를 거짓말 게임의 차원에서 이해하기 위한 질문이다. 국가를 둘러싼 근원적인 문제는 바로 이 불평등한 지위와 깊은 관련이 있기 때문이다.

정치 이념을 좌파와 우파로 가르는 근대정치의 핵심적인 문제에 불평등이 있다는 사실을 상기해 보자. 왼쪽에 선 사람들은 불평등을 인위적이고 부정적인 현상이라고 보는 반면, 오른쪽에 선 사람들은 불평등이 자연스럽고 긍정적인 현상이라고 여긴다.[1] 우파는 비정규직과 정규직 사이의 차이가 부정된다면, 인간은 필시 게을러지고 사회적 효율 따위는 기대하기 어렵다고 강변할 것이다. 반면 좌파는 그러한 차이가 뿌리 깊은 제도의 결과라고 주장하면서 이 차이를 누군가 시정해야 한다고 볼 것이다. 누군가? 바로 국가다.

좌파가 불평등을 뿌리 깊은 차별로 이해하면서 국가가 차별을 시정해야 한다는 결론을 이끌어 낼 때, 우파는 만약 불평등이 자연스러운 차이에 근거한다면 사람들이 맺은 협약의 산물인 국가는 개인의 자연적 권리를 침해하는 것이 아니라 보호해야 한다고 주장한다. 나와 다른 정치적 입장을 지닌 사람에 대한 날것의 비난과 혐오가 터져 나오는 현실을 생각하면, 불평등이라는 문제를 둘러싸고 서로 다른 진실을 믿는 사람들

---

1   N. Bobbio, *Left and Right: The Significance of a Political Distinction* (University of Chicago Press, 1997). 카스 무데, 권은하 옮김, 『혐오와 차별은 어떻게 정치가 되는가: 열 가지 키워드로 읽는 21세기 극우의 현장』(위즈덤하우스, 2021), 13쪽에서 재인용.

이 공존하기란 어려워 보인다. 하지만 오늘날 좌파와 우파가 모두 놓치고 있는, 근대국가를 둘러싼 거짓말 게임이 있다.

거짓말 게임은 너와 내가 동등하지 않다는 사실에 기초한다. 이 사실 위에서 '동등하지 않다'는 것을 말할 수 없는 진실로 둘 때, 우리가 동등하게 만나기 위한 거짓말 게임이 시작될 수 있다. 말하자면 이 게임은 동등하지 않으면서도 동등하게 만날 수 있는 어떤 가능성을 시도한다.

끊임없이 서로의 지위를 견줄 수밖에 없는 사람들은 어떻게 공존할 수 있을까? 나는 이 질문을 통해 근대사회의 기원을 다시 들여다보고 오늘날의 정치적 위기를 탐색해 보려고 한다. 이 책이 주목하는 것은 우리가 자신의 지위를 유지하기 위해 자주 거짓말을 한다는 사실이다. 우리는 모두 내가 생각하는 나의 지위와 현실에서 타인들로부터 인정받는 지위 사이의 괴리를 경험한다. 그것은 무엇보다도 명시적 계급이 부재한 근대사회의 특징에서 비롯된다.

근대사회에서 모든 사람들은 은연중에 매일매일 자신의 지위를 그럴듯하게 꾸미는 경쟁에 내몰린다. 우리는 스스로 다소 열등한 지위에 있다고 생각하면서도, 바로 눈앞에 있는 사람보다는 우월한 지위를 가지고 싶어 하는 경향이 있다. 수많은 시험 경쟁에서부터 평균적 삶을 살아야 한다는 사회적 요구, 매일매일 온라인에서 벌어지는 보여 주기식 삶까지, 지위 경쟁은 모두의 불안을 잠식하고 무언가를 드러내야 하는 강박을 만들어 낸다. 남들 눈에 보이지 않는 것은 지위를 나타내는 표식이 될 수 없기 때문이다. 지위 문제에 있어서 우리의 내면과 외양은 심대한 분리에 직면한다.

거짓말 게임은 바로 이 분리 속에서 이루어지는 지위과시의 규칙이자, 지위불안에 시달리는 우리가 서로 폭력에 이르지 않고 공존할 수 있는 가능성이다. 이 책의 목표는 바로 이와 같은 양면성을 지닌 거짓말 게임을 통해 과시적 인간들의 불안과 이 불안 속에서 탄생한 국가의 역할을 조망해 보는 것이다. 오늘날 정치적 위기의 본질은 사회적으로 만연한 과시 속에서 동등한 공존을 위한 거짓말 게임은 오히려 실패하고 있다는 데에 있다.

아버지 죽이기에서 오두막집까지

동등하게 만나기 위해서 어째서 말할 수 없는 진실 따위가 필요할까? 바로 동등하지 않은 사람들 사이의 폭력을 막을 방벽이 될 수 있기 때문이다. 정신분석학의 창시자 지그문트 프로이트는 공동체에 필요한 '말할 수 없는 진실'이라는 관념이 근대국가가 태동하기 이전부터 존재해 왔다고 설명한다. 그에 따르면, 같은 종족 간에 혼인과 성관계를 금지하는 근본적인 이유는 공동체 안에서 폭력을 통제하는 문제와 직접적으로 관련

되어 있다.[2]

이러한 원시공동체의 '말할 수 없는 진실'의 중심에는 살해당한 부친이 있다. 이 아버지-군주는 종족 내 여자들을 독점하면서 아들들을 공동체로부터 축출했다. 아들들은 시원적 살해 행위에 관여했다는 혐오와 죄책감을 해소하기 위해 특정한 의례를 통해 아버지의 대용물인 토템을 살육하는 행위를 반복한다. 이러한 살육은 아들들이 여자들을 독점하는 또 다른 아버지가 되는 것을 막는다. 살해당한 아버지는 공동체를 유지하기 위한 말할 수 없는 진실이다.

이처럼 공동체의 시작에 시원적 폭력이 있었고 그것은 곧 말할 수 없는 진실이라는 사실은 거짓말 게임의 정치적 효용을 보여 준다. 공동체가 만들어지는 데에는 말할 수 없는 진실, 즉 모종의 거짓말이 필요하다. 거짓말 게임은 프로이트가 말한 아들들의 제의와 마찬가지로 다양한 생각을 품고 있는 사람들이 폭력의 내전상태에 이르지 않게 해 준다. 그렇다면 지금 우리는 어떤 거짓말 게임을 수행하고 있을까?

프로이트적 아버지가 상징적 형태의 군주를 의미한다면, 우리에게는 5년마다 정당하게 살해되는 대통령이 있다. 대통령이 한국인을 대표하고 그럼으로써 절대권력을 갖는다는 거

---

2 지그문트 프로이트, 원당희 옮김, 『프로이트 토템과 터부』(미래지식, 2021), 206~211쪽.

짓말이 이 사회를 지탱한다고 할 수 있을까? 그렇게 주어진 절대 권력은 유통기한이 정해진 음식물처럼 시들해져서 결국 공동체의 희생물이 됨으로써 서로 다른 생각을 하는 사람들 사이의 폭력을 통제하는 것일까?

하지만 사람들이 토템 만들기와 희생양 삼기를 주기적으로 반복하면서 서로의 동등성을 확인한다고 보기는 어렵다. 왼쪽에 선 사람과 오른쪽에 선 사람은 주기적인 선거에서 서로의 차이만을 확인할 뿐이다. 토템을 만들어서 희생양으로 삼는 제의는 오히려 불평등에 대해서 서로 다른 생각을 하는 사람들 사이에 벌어지는 내전처럼 보인다. 프로이트의 가설이 오늘날 곧장 적용될 수 없는 이유는 무엇보다도 근대라는 세계가 태동할 때 사람들의 상상력을 자극한 내전은 조금 더 미묘한 형태였기 때문이다.

여기서 주인공들은 (여전히 남자이지만) 아들들이 아니라 개인이다. 이 개인들은 아버지를 공유하지 않는, 마치 기원을 알 수 없이 자라나는 버섯과도 같은 고립된 존재들이다. 그들이 처음 서로를 봤을 때 무슨 일이 일어났을까?

그들은 거짓말 게임을 수행할 만큼 맥락이 두터운 사회에서 만나지 못했으므로 때로는 평화롭게 유유자적하며, 또는 서로의 물건을 주고받으며, 가끔은 이런저런 이유로 다투었을지 모른다. 하지만 이들을 가장 강하게 사로잡은 것은 자기보존에 대한 열망이었다. 나의 생존을 유지하기 위해 자연과 타인을 이용하는 존재, 바로 근대적 자아의 출현이다. 이러한 자아와 국가의 관계를 탐색했던 사람들 가운데 누구보다도 인간의 선한 마음을 믿었던 장자크 루소는 근대적 자아를 지닌 개인들이 교류하는 첫 장면을 이렇게 묘사했다.

사람들은 오두막집 앞이나 큰 나무 주위에 모이는 것에 익숙해졌다. 사랑과 여가의 가장 중요한 산물인 노래와 춤은 한가하게 모인 남녀들의 오락이, 좀 더 정확히 말해 일과가 되어 버렸다. **저마다 타인들을 바라보고 타인들도 자기를 바라보아 주기를 바라기 시작했다.** 그리하여 타인들로부터 받는 호의적 평가와 존경은 가치를 갖게 되었다. 노래를 가장 잘 부르거나 춤을 가장 잘 추는 사람, 가장 아름다운 사람, 가장 힘이 센 사람, 가장 솜씨가 좋은 사람, 가장 말을 잘하는 사람은 가장 존경을 받게 되었는데, 바로 그것이 **불평등과 동시에 악덕으로 향한 첫걸음**이었다. 이러한 최초의 선호로부터 한편으로는 허영심과 경멸이, 다른 한편으로는 수치심과 선망이 유래했는데, 그 새로운 누룩곰팡이에 의한 발효는 마침내 행복과 순수에 치명적인 화합물을 발생시켰다.[3]

3   장자크 루소, 김중현 옮김, 『인간 불평등 기원론』(펭귄클래식코리아, 2019), 85~86쪽.

자기보존의 욕망에 사로잡힌 사람들의 회합은 인정과 경멸의 전쟁이다. 단지 노래를 잘 부른다는 사실이 전쟁을 야기하는 것이다. 여기에는 여자를 독점하는 아버지 따위는 없다. 이곳은 개인들 사이에 매순간 미묘한 매력 경쟁이 벌어지는 전쟁터다.

매력의 차이가 유발하는 인정투쟁에서 진정으로 자유로운 사람이 있을까? 루소의 관점에 따르면 남녀간의 차이가 빚어 낸 사랑의 불운은 그들이 하룻저녁의 거처만을 필요로 했던 원시상태에서 만나지 못한 데에서 비롯된다! 원시상태에서 남자와 여자는 서로를 깊이 들여다보는 데에는 관심이 없다. 이 만남은 '마주침과 욕정 등에 따른 우연한 결합'일 뿐이다. 하지만 이들은 사회 속으로 너무 깊이 들어와 버렸다. 사회는 그들을 허영과 경멸, 그리고 수치심과 선망의 자리에 앉히고 말았다.

루소의 오두막집 앞에서 벌어지는 내전은 본질적으로 시선에서 비롯된다. "타인들을 바라보고 타인들도 자기를 바라보아 주기를 바라는" 사회인 것이다. 그냥 바라봐 주기를 바라는 것이 아니라 존경과 호의를 가지고 말이다. 루소는 줄곧 타인의 시선을 바라는 삶의 방식에서 벗어나고자 노력했지만, 그 자신도 시선에 갇힌 세계에서 완전히 벗어날 수 없었다.

나는 루소의 탁월한 비평에 기대 오두막집 앞에서 펼쳐지는 사회의 특징을 '가시성'이라는 차원에서 이해해 보려고 한다. 하지만 루소가 이를 비판적으로 본 것과 달리, 가시성의 세계는 되돌릴 수 없는 조건이다. 사회는 서로가 서로를 바라보는 일종의 무대로 설정된다. 불평등은 단순히 객관적인 지위나 재산에 근거한 것이 아니라, 인간들이 서로를 바라보고 감각하는 주관적 평가에 의존한다. 사회가 하나의 무대라면 우리는 저마다 우리가 원하는 방식으로 자신을 꾸며 댈 수 있을지도 모른다.

근대 국가의 탄생

근대적 내전이 미묘한 경멸과 선망의 형태라는 주장은 원시-자연상태를 전혀 다른 방식으로 상상하면서 루소의 비판적 표적이 되었던 토머스 홉스에게서도 발견된다. 홉스는 루소와 달리 원시상태와 자연상태를 특별히 구별하지 않았으며, 고립된 독버섯 같은 개인들이 자기보존에 충실할수록 인간은 전쟁상태에 있을 수밖에 없다는 주장으로 잘 알려져 있다. 하지만 홉스가 말한 전쟁은 단지 피가 수반되는 살육을 의미하지 않았다.

　홉스 역시 자연상태를 이야기할 때 제일 먼저 평등의 문제를 거론하며 타인을 깎아내림으로써 우월해지려고 하는 인간의 성향을 이야기했다. "타인을 증오하거나 경멸하는 행동은 아무리 사소한 것이라도 투쟁을 유발한다."[4] 그래서 홉스는 말뿐만 아니라 행위나 표정, 동작으로도 타인에 대한 경멸을 드러내서는 안 된다고 말했다. 이른바 '혐오표현'을 반대했던 것이다. 드라마에서 수영이 매일같이 느끼는 경계선은 사원증의 목줄 색상과 같은 사소한 표식에 의해 드러난다. "이쪽은 예금 업무만 보는 직원"이라는 차별의 말은 또 얼마나 사소한가!

바로 이 사소한 표식이야말로 거짓말 게임의 반대편에 있는 하나의 표현으로서 '행복과 순수에 치명적인 화합물'이다. 하지만 루소와 달리 홉스는 가시성의 세계를 근대사회의 현실적 조건이자 정치적으로 해결해야 할 문제로 수용했다.

홉스는 인간의 동등성에 대해서도 유사한 관점을 드러낸다. 인간이 동등하다고 주장하면서도 인간이 정말로 동등한지 알 수 없다고 말하는 것 같기도 하다. "비록 자연이 인간을 불평등하게 만들었다고 하더라도 스스로 평등하다고 생각하는 사람들은 평등한 조건에서가 아니라면 평화의 상태로 들어가려고 하지 않을 것이기 때문에 그러한 평등은 인정되어야 한다."[5] (불)평등은 이제 자연적 사실의 문제도 아니고, 그렇다고 제도의 산물만도 아니다. 오히려 가시성의 세계에 존재하는 사람들이 수행하는 행위의 결과물이다.

---

4   토머스 홉스, 진석용 옮김, 『리바이어던 1』(나남, 2013), 207쪽.
5   위의 책, 208쪽.

우리는 허영과 경멸의 세계에서 벗어날 수 없다. 그렇다면 어떤 선택지가 남아 있는가? 타인으로부터 수치를 느끼고 타인을 선망하기보다는 경멸하는 쪽이 되도록 더욱 노력해야 할까?

루소와 달리 홉스는 자기보존에 충실한 근대적 개인들이 가시성의 세계에 놓였을 때 거짓말 게임과 유사한 방식으로 정치적 삶을 구성할 가능성이 생긴다는 사실을 보여 준다. 근대의 깊은 곤경으로서 가시성의 세계는 새로운 가능성을 열어 놓기도 했다. 바로 이 세계로부터 비롯된 국가의 등장과 실패야말로 이 책이 탐구하고자 하는 주제다.

국가는 막스 베버의 유명한 정의처럼 '폭력의 정당한 사용을 독점하는 기구'로서 전쟁을 수행하고, 세금을 걷고, 가끔은 국민 복지 향상을 위해 분투하지만은 않는다. 국가는 가시성의 세계가 빚어 내는 사소하지만 미묘한 인정투쟁이 내전으로 이어지지 않도록 어떤 경계를 설정하고, 우리가 폭력에 의존하고 않고 사회적 감정을 교류할 수 있는 토대를 마련해 준다. 새로운 가시성의 세계에서 우리가 동등한 존재로 만날 수 있는 공유된 믿음을 가시화한다. 그런 점에서 국가는 하나의 극장이다.

국가의 진정한 실패는 폭력의 남용에서 비롯되기보다 오히려 국가가 동등한 지위를 위한 신성한 규칙이라는 사실이 망각되었을 때 발생한다. 오늘날의 정치적 위기는 바로 이 망각에 터를 잡고 있다고 할 수 있다. 이러한 문제의식에서 나는 동시대의 정치적 장면에서 출발해 국가를 거짓말 게임으로 이해하는 과거의 사유를 거슬러 올라가 추적하는 방식을 취했다. 사상사의 몇몇 변곡점들을 깊게 다루면서도, 당시의 사유를 다시금 동시대의 물음으로 가져다 놓으려 했다.

진리의 정치를 넘어서

오늘날 더 많은 정치인들이 거짓말을 서슴지 않고, 동시에 사람들은 자신의 정체성을 그 어느 때보다 중시한다는 점에서 거짓말 게임은 이중의 위기에 놓여 있다. 정치의 위선적 행태에 지친 사람들은 한편으로 더욱 더 진실에 기반한 정치를 요구하는 듯 보인다.

어떤 점에서 좌파와 우파 모두 진리의 정치에 의존하고 있다. 인간은 동등하므로 동등해야 한다거나, 반대로 인간은 본질적으로 불평등하므로 불평등하게 대우해야 한다는 발상은 서로 다른 진실에 대한 의존일 뿐이다. 하지만 각자가 믿는 진실이 진리가 될 때, 모든 갈등은 해결 불가능한 국면으로 치닫는다. 이때 '거짓말'은 모든 진리를 잠정적으로 만든다는 점에서 우리 사이에 완충 지대를 설정하고 관계의 해결 가능성을 모색할 수 있는 여지를 남겨 준다.

그렇다고 해서 진실의 중요성을 깎아내리려는 것은 결코 아니다. 인간의 언어생활에서 진실과 거짓을 구별하지 못한다면 사회는 존립할 수 없을 것이다. 오히려 이 책이 강조하는 바는, 사회적 지위와 정치적 공존의 문제에 있어서 진실보다 더욱 중요한 것이 있다는 점이다. 우리의 공존은 우리가 세계를 만드는 창조적 역량에 의존하고 있다.

진리의 정치는 또한 자신의 정체성을 가감 없이 드러내야 한다는 진정성의 요구와 맞물려 있다.[6] 정치학자 프랜시스 후쿠야마는 오늘날의 정치를 '존엄의 정치'라고 부르며, 존엄에 대한 인정을 요구하는 목소리야말로 현대정치를 규정한다고 말한다.[7] 정치의 초점이 경제적 이해관계를 둘러싼 전통적 좌·우파 간의 대립이 아니라, 인종, 성, 종교, 민족성을 둘러싼 경합으로 옮겨 갔다는 것이다. 후쿠야마는 '존엄의 정치'의 핵심을 인간의 외적 자아와 내적 자아의 분리에서 찾는다. 다시 말해, 인간이 외부 사회가 아니라 자신의 내적 자아의 목소리에 충실해야 한다는 요구야말로 정체성 정치를 낳았다는 것이다. 내가 가진 정체성에 대한 모욕은 분노를 야기하고 분노는 집단적인 정치 행동으로 이어진다. 이는 경제적 이해관계가 충족시키지 못하는 내적 인정욕구를 반영한다. 후쿠야마는 이러한

---

6   앤드류 포터, 노시내 옮김, 『진정성이라는 거짓말』(마티, 2024).

7   프랜시스 후쿠야마, 이수경 옮김, 『존중받지 못하는 자들을 위한 정치학』(한국경제신문, 2020).

정체성 정치가 지닌 분열적 성격을 비판하면서, 입헌주의, 법치주의, 민주적 책임성 등에 기반한 국가 정체성을 세우는 것을 대안으로 제시한다.

하지만 근대정치의 토대라 할 수 있는 내면과 외면의 분리에 대해 후쿠야마가 놓치고 있는 점이 있다. 근대적 인간은 단순히 내면의 목소리에 귀 기울이라는 요구만을 받는 것이 아니라, 그와 별개로 외면의 자아를 꾸며 내라는 압박에도 마주했다는 사실이다. 루소가 다소 부정적으로 묘사했고 홉스가 강조했듯이, 근대적 자아가 직면한 내전은 가시성의 세계에서 드러나는 사소하지만 미묘한 인정투쟁의 양상을 띤다.

이 세계는 존엄의 정치에서 말하는 모멸감이 촉발되는 가시성의 장소이기도 하다. 최근 네팔에서 일어난 시위는 한 정치인의 아들이 명품 상자로 만든 크리스마스 트리를 찍어 올린 인스타그램 사진을 계기로 촉발되었다. 열악한 지위에 놓인 네팔의 수많은 청년들의 모멸감과 분노는 단순히 내면의 목소리에 충실한 데에서 비롯된 것은 아니었다.

우리가 누군가를 경멸하고 경멸당하지 않으려 애쓰는 이유는 단지 내적 자아를 지키기 위해서만은 아니다. 오히려 우리는 이미 가시성의 세계에 포획된 외적 자아로 살아가고 있기 때문이다. 따라서 거짓말 게임은 더 건강한 내적 자아를 찾는 문제라기보다는, 외적 자아가 주도하는 별도의 세계야말로 정치의 영역이라는 인식에서 출발할 수 있다. 그런 점에서 후쿠야마가 말한 존엄의 정치는 진단과 해법 모두에서 오늘날 정치적 위기를 고스란히 드러낸다.

이 책은 우리를 구성하는 정체성들의 내용과 그 깊이보다 그것이 정치 영역에서 작동하는 원리에 더 주목한다. 지위를 꾸며 대는 과시사회와, 사소한 표정과 몸짓의 다발로 이루어진 극장국가는 바로 이 원리 위에서 맞닿아 있다. 보이는 것이 전부인 이 정치적 세계에서 무엇을 보여 주고 볼 것인가? 누구와 함께?

오늘날 우리는 스마트폰의 흘러내리는 스크린 속에 갇혀 있다. 저마다 타인들을 바라보고 타인들도 나를 바라봐 주기를 바라며, 너와 내가 동등하게 만나기 위한 거짓말 게임을 상실한 채로. 이 거짓말 게임을 여기에서 끝낼 것인가 아니면 새롭게 시작할 것인가? 오늘날 정치적 위기를 벗어날 단서는 바로 이 질문 속에 놓여 있다.

여기 입맞춤하고 있는 한 연인이 있다. 여자의 존재가 온전한 반면
남자의 몸은 보이지 않는다. 둘은 함께 있는 것일까, 그렇지 않은 것일까?
그림은 동등하지 못한 존재들이 과연 온전한 사회적 감정을
교류할 수 있는지 묻고 있다. 어쩌면 이들 사이에는 서로의 차이를
말할 수 없는 진실로 만드는 거짓말 게임이 필요할지 모른다. 이처럼
작은 제스처가 하나의 공동체를 비밀스러운 방식으로 지탱하고 있다.
우리는 어떤 모습으로 만나야 할까?

르네 마그리트, 「연인들 IV」(1928) © René Magritte/ADAGP, Paris–SACK, Seoul, 2025

차례

1장 　트럼프의 극장

"트럼프의 거짓말은 시선을 사로잡고
조회수를 높이며 확산을 주도한다.
진지한 사람들이 정치인들의 말들만을 쫓아
그 진위 여부를 판별하려고 할 때마다
그들이 기획한 무대에 초대된다."

어느 날 연인이 다가와 묻는다. "내가 왜 좋아?" 현재 연인이 없다면 미안하지만, 누군가 이러한 순간을 맞닥뜨린다면 상대의 외적 조건을 찬양해야 할지 아니면 내면의 성숙을 이야기해야 할지 고민에 빠질 것이다. 하지만 외모는 언제나 상대적인 비교 평가에서 자유롭지 않고 내면이 완벽에 가까운 사람은 거의 없는 법. 게다가 사랑의 이유로 나열된 사실들 역시 언제나 애정의 근거가 되기에 어쩐지 부족해 보인다. 초조해진다. 이렇게 해서는 상대를 납득시킬 수 없다. 물론 조금 더 그럴듯한 대안도 있다. 당신은 내가 나로서 존재할 수 있게 해 준다고 말하거나, 둘만의 에피소드를 재구성해 어떤 계기를 이야기하는 것이다. 이러한 접근은 하나의 서사를 제시한다는 점에서 엄격한 사실의 검증을 피하는 데에 유익하지만, 누구나 쉽게 할 수 있는 것만도 아니다.

구직 시장에서의 상황도 이와 비슷하다. "우리 회사에 지원한 동기는 무엇인가요?" 흔히 회자되는 것처럼 취업의 대체적인 동기는 먹고살기 위해서일 것이다. 그렇지만 "작지만 소중한 월급이 필요해서요."라고 말한다면 '귀사와 나의 운명적인 만남'을 설명하기엔 역부족이다. 진실의 입에 손을 넣고 검증받는 이 시간들은, 진실이 아니라 그럴듯한 거짓말을 하는 능력을 검증받는 때인지도 모른다. 연인의 잇단 추궁에 "사랑? 어떻게 매일 사랑하니!"라고 말한다면 진실의 입에 넣은 손은 이미 절단된 후일 것이다.

사람들은 언제나 진실을 원하지만 우리는 매일 조금씩 거짓말을 하고 산다. 다르게 말하면 우리는 진실을 원하면서도 진실만으로 만족할 수 없는 것 같기도 하다. 연인 간의 사적인 만남부터 구직 시장의 공적인 만남에 이르기까지 사람들은 각자가 사회적 구성원으로서 모종의 거짓말을 수행할 능력이 있는지 확인한다.

이런 반론도 있을 것이다. 가령 회사의 지원 동기에는 그럴듯한 이야기를 지어 낼 수 있지만 세부적인 항목, 가령 내가 어떤 직무 경험이 있고 얼마나 많은 언어를 구사할 수 있는지 등등은 꾸며 낼 수 없지 않냐고 말이다. 지원 동기에 비해 직무 능력은 객관적인 사실이 뒷받침되어야 한다. 허위 사실이 확인되면 채용이 취소될 수도 있다. 이런 반론을 진지하게 고려한다면 이제 이렇게 말해야 할 것 같다. 우리는 모종의 거짓말을 '특수한 경우'에 수행한다고 말이다. 하지만 이런 결론에 이르렀다고 해서 진실과 거짓말의 관계가 쉽게 해소되는 것도 아니다. 언제 거짓말이 필요한지 판단하기가 언제나 쉽지 않기 때문이다.

거짓말은 정치인의 능력

우리는 언제 거짓말을 하고 언제 진실을 말할까? 다르게 말해 모종의 거짓말이 수행되는 '특수한 경우'란 언제일까? 칸트는 그런 경우는 없다고 단호하게 말하는 대표적인 철학자다. 그는 인간이라면 언제나 무조건 진실을 말해야 한다고 강조했다. 무조건이다.

칸트에게 있어 거짓말은 사실이 아닌 것을 사실로 믿게 만들 목적으로 하는 말이다.[1] 18세기 프로이센 왕국 출신의 철학자 칸트는 거짓말을 하지 않을 의무는 절대적 당위성을 지니고 있다고 말하며, 타인의 생명을 구하기 위한 거짓말도 허용하지 않았다.[2] 심지어 살인마를 피해 내 집에 숨어든 사람이 있을 경우 살인마에게 그 사실을 숨기는 거짓말도 용납하지 않은 칸트다. 거짓말이 보편적 법칙으로 인정될 경우 도덕적 질서가 붕괴할 것이므로 이를 의무로 받아들일 수 없다는 것이다. 칸트의 정언명령에서 인간은 준칙에 따라 행동해야 하

1   라르스 스벤젠, 이재경 옮김, 『거짓말의 철학』(에이치비프레스, 2022), 68쪽.
2   위의 책, 75쪽.

며, 그 준칙은 우리 스스로의 의지에 의해 모두의 보편법칙으로 삼을 만한 준칙이어야 하기 때문이다.[3]

더 나아가 칸트에게 있어 거짓말은 우리 스스로를 물질적 이해관계를 넘어서는 이성적 주체로 간주해야 할 의무에 대한 배신이며, 인류 공동체 전체에 죄를 짓는 일이다. 인간사회의 조건이 진실성에 기초하고 있기 때문이다. 거짓말은 결과의 문제라기보다는 의무의 문제다. 칸트는 인간들의 가식을 어느 정도 인정했지만 가식이 위장과 기만, 그리고 거짓말로 이어지는 경로를 가정하고 경계했다.[4] 이런 칸트라면 연애든 구직이든 쉽지 않았을 것만 같다.

반면 특수한 경우가 언제인지 정확히 말해 준 것으로 역사에 길이 남은 인물이 있다. 15세기 피렌체 공화국의 서기관이었던 마키아벨리다. 그의 대표작인 『군주론』은 군주가 새롭게 획득한 영토를 어떻게 유지할 수 있는지를 조언한 군주 귀감서의 일종이었다. 마키아벨리의 시대는 프랑스와 스페인 같은 영토국가들이 이탈리아를 무대로 주도권을 다투던 시기였고, 이탈리아는 아직 작은 소국들과 정치 세력들에 의해 분열되어 있었다. 『군주론』은 이러한 시대적 배경 속에서 이탈리아를 주변 강대국에 비견할 만한 큰 정치 조직으로 재건하는 작

---

3   임마누엘 칸트, 백종현 옮김, 『윤리형이상학 정초』(아카넷, 2018).
4   스벤젠, 앞의 책, 68~69쪽.

업을 할 새로운 지도자를 위한 책이었다.

그런 점에서 『군주론』은 전통적인 규범과 기독교적인 가치가 아닌 현실 정치에서 지도자가 만날 수 있는 장애와 함정에 대해 다뤘다. 이 현실에 대처할 수 있는 기술이 바로 기만과 속임수다. 마키아벨리가 조언한 대목을 살펴보자.

군주가 약속을 지키고 또한 교활하지 않고 정직하게 사는 것이 대단히 칭송할 만한 일이라는 점은 모든 사람이 알고 있다. 그럼에도 오늘날 **위대한 업적**을 이룬 군주들은 신의를 지키는 일을 하찮게 여기고 오히려 사람들을 교묘하게 속이는 데에 능숙했던 사람들이었는데, 이들은 결국에는 정직성에 의존하는 사람들을 능가해 왔다.[5]

칸트와 달리 마키아벨리에게 중요한 것은 결과이며, 위대한 결과를 위해서는 비도덕적인 수단도 용인될 수 있다는 감각을 여기서 발견할 수 있다.

그렇다면 위대한 업적이란 무엇일까? 바로 엄혹한 정치 현실이 압도하고 있던 시대에 권력을 유지하고 보존하는 일이다. 지위를 잃지 않는 것이다. 마키아벨리는 '인간이 어떻게 사

---

5   니콜로 마키아벨리, 박상섭 옮김, 『군주론』(서울대학교출판문화원, 2011), 88쪽 [제18장].

는가'는 '인간이 어떻게 살아야 하는가'와 분명히 다르다는 인식을 가지고 있었다는 점에서 정언명령의 칸트와 달랐다. 그래서 "권력지위를 유지하려는 군주는 착하지 않을 수 있음과 그 착하지 않음을 필요에 따라 사용할 수도 있고 사용하지 않을 수도 있음을 배우는 것이 중요하다"라고 말할 수 있었다.[6] 연애가 어렵고 취업이 난망한 시대에 사는 사람들이라면 칸트가 아니라 마키아벨리의 조언이 더 유익해 보인다. 그의 조언을 귀감 삼아 본다면, 모종의 거짓말이 수행될 수 있는 특수한 경우란 온갖 사람들에게 둘러싸인 세상에서 나의 불안정한 지위를 방어해야만 하는 때인 것이다.

그런데 이 귀감서가 평범한 시민인 나를 위한 것이 아니라 정치인을 위한 것이라면 사정이 좀 복잡해진다. 마키아벨리는 군주에게 두 가지 종류의 싸움이 있다는 것을 강조한다. 하나는 사람의 방법인 '법'이고 다른 하나는 짐승의 방법인 '힘'이다. 이러한 구분을 통해서 마키아벨리는 인간에게 사람과 짐승이라는 두 가지 본성이 있다고 가정하는 것 같다. 더 나아가 군주 역시 사람인 동시에 짐승이어야 한다고 조언하는 것처럼 보인다. 그 유명한 사자와 여우의 비유다.

군주는 늑대를 물리치기 위해 힘이 센 사자도 되어야 하고, 덫을 식별하기 위해서는 간교한 여우도 되어야 한다. 하지

---

6   위의 책, 77쪽 [제15장].

만 여우다운 기질을 잘 감출 줄 알아야 한다. "능숙한 위선자나 위장자가 될 필요가 있다. 사람들은 단순하고 목전의 필요에 복종하기 때문에 남을 속이고자 하는 사람은 언제든지 속임을 당할 사람을 발견하게 된다."[7] 이 책의 독자가 정치인이라면 평범한 시민은 결국 기만의 대상인 '속임을 당할 사람'이다. 우리의 지위는 더 불안정해진다.[8]

개소리쟁이 트럼프

만약 『군주론』의 독자가 트럼프라면 어떨까? 트럼프는 실제로 거짓말을 한다. 그는 사소한 것부터 큰일에 이르기까지 거짓말을 한 것으로 알려져 있다. 《워싱턴포스트》의 분석에 따르

7   위의 책, 89쪽 [제18장].
8   통치와 거짓말의 관계는 훨씬 유구하다. 플라톤은 국가를 유지하는 데에 있어서 '고상한 거짓말(noble lie)'의 필요성을 일찍이 강조했다. 이는 통치자, 수호자, 생산자로 구별된 그의 이상국가에서 각 계급을 서로 다른 금속 재질인 황금, 은, 무쇠와 청동에 비유하며 그 본성과 사회적 지위를 정당화한 한 방식이다. 이러한 거짓말은 플라톤의 대화편에서 터무니없는 것처럼 묘사되기도 하지만, "나중 세대는 믿을지도 모를" 우화로서의 힘 역시 지니고 있다. 플라톤, 천병희 옮김, 『국가』(도서출판 숲, 2013), 202~205쪽 [제3권, 414b-415d]. 한편 조지 오웰은 통치와 거짓말의 공모를 폭로하고자 했다. 그의 대표작 『1984』에서는 "전쟁은 곧 평화다"와 같은 이중사고와 이중언어가 빅 브라더의 핵심적 통치기술로서 묘사된다. 정치적 거짓말이 지닌 부정적 함의에도 불구하고, 플라톤과 오웰은 정치적 거짓말이 사회적 지위의 문제임과 동시에 창조적인 언어기술이라는 사실을 보여 준다.

면 트럼프 대통령은 첫 번째 임기 동안 취임 후 물러날 때까지 3만 573번의 거짓과 왜곡된 주장을 했다고 한다.[9] 가장 가벼운 사례로는 자신의 첫 번째 취임식 때 비가 그쳤다는 거짓말이 있다. 사실은 연설 내내 비가 왔다. 가장 큰 거짓말은 아마도 그가 재선에 실패했던 미국 대통령 선거가 조작됐다고 주장한 일일 것이다. 세계 최고 권력을 가진 사람이 거짓말쟁이라니, 칸트와 그의 독자라면 인류가 멸망했다고 슬퍼할 것 같지만 마키아벨리를 순전히 따르는 사람들은 그가 위대한 업적을 남몰래 가지고 있다고 생각할지도 모르겠다.

트럼프의 거짓말을 어떻게 평가할 수 있을까? 트럼프는 자신이 말한 바를 믿고 있을까? 스스로도 믿지 않는 사실을 말하고 이를 통해 사람들을 기만하려고 한다면, 칸트의 관점에서 그는 거짓말쟁이이며 도덕적이지 않다. 물론 외부의 관찰자는 트럼프의 내면에 있는 믿음을 영영 알 수 없다. 아니면 스스로 했던 말을 번복할 경우 그를 거짓말쟁이라고 부를 수 있을까? 이 경우에도 각 상황에서 트럼프의 믿음이 변화했을 가능성을 배제할 순 없다.

조금 더 설득력 있는 분석은 트럼프가 진실에 무감각하거나 관심이 없다는 것이다. 그의 발화는 헛소리 또는 개소리를

---

9   "Trump's false or misleading claims total 30,573 over 4 years," *The Washington Post*(Jan 24, 2021).

의미하는 '불쉿(bullshit)'이라는 것이다. 프랭크퍼트의 예리한 분석에 따르면 "사실을 전달하거나 은폐하려는 사람", 즉 진실한 사람이거나 거짓말쟁이는 "어떤 식으로든 확정적이고 인식할 수 있는 사실이 있다고 가정한다."[10] 거짓말쟁이는 진리를 존중한다고 말할 수 있지만, 개소리쟁이는 진리에 관심이 없다는 것이다.[11] 개소리는 거짓말보다는 허세 부리기에 가까우며, 그것이 기만하려는 것은 사실 자체가 아니라 화자의 기획 의도다.[12]

프랭크퍼트는 거짓말과 개소리를 엄격히 분리하며 명확한 개념 정의를 시도하는데, 우리의 주제와 관련해서 개소리는 특수한 경우에 수행되는 거짓말과 유사해 보인다. 마키아벨리는 군주가 개별적인 사실에 대한 진릿값에 주목하기보다는 그것이 발휘하는 효과에 눈을 뜰 것을 권고하고 있다.

10   해리 G. 프랭크퍼트, 이윤 옮김, 『개소리에 대하여』(필로소픽, 2024), 64쪽.
11   프랭크퍼트는 이와 같은 개소리의 확산이 객관적 실재에 접근할 수 없다는 회의주의에 기대고 있다는 점을 지적한다. 이에 따라 공동의 세계를 정확하게 묘사하는 '정확성'이라는 이념이 퇴조하고, 자신의 본성에 충실하려는 '진정성'이 대안적 이념이 되고 있다고 진단한다.(위의 책, 67~69쪽) 후쿠야마가 강조한 것처럼 외부사회가 아니라 내적 자아의 목소리에 충실하는 정체성 정치로의 이행이다.
12   같은 책, 57쪽. 여기서 잠깐 드라마 「사랑의 이해」 속 수영의 거짓말 게임을 떠올려보자. 수영이 게임의 형태를 빌어 "처음 봤을 때부터 좋았어요."라고 했을 때 그가 뒤집으려고 했던 것은 단순한 사실이 아니라 화자의 기획 의도라고도 할 수 있겠다. 말하자면 거짓말 게임의 참가자는 이와 같은 기획 의도를 공유하는 사람이다.

군주는 앞서 언급한 모든 자질들을 모두 실제로 갖는 것은 필요하지 않지만 **실제 그것들을 갖고 있는 것처럼 보일 필요는 있다.** 더 나아가 그러한 자질을 갖거나 준수하는 것은 항상 해롭지만 그러한 것을 갖고 있는 것처럼 보이는 것은, 즉 자비롭고, 성실하며, 인정 많고, 고결하며 또한 신앙싶 깊은 것처럼 보이는 것이, 실제로 유용한 것이라는 점을 감히 말하고자 한다. (……) 왜냐하면 **자신의 국가를 유지하기 위해서는** 정직, 자비심, 박애심과 종교에 반대되는 행동을 취할 필요가 종종 있기 때문이다. (……) **사람들은 일반적으로 손으로 만지기보다는 눈으로 보아서 판단한다.** 왜냐하면 보는 것은 모두에게 허용되지만 만지는 것은 소수에게만 허용되기 때문이다.[13]

마키아벨리는 여기서 군주가 일정한 덕목과 자질들을 실제로 가지고 있을 필요가 없고, 오히려 가지고 있는 것처럼 보이는 것이 중요하다고 말한다. 강조되는 것은 바로 외양(appearance), 특히 시각적 외양이다.

마키아벨리의 이러한 관점은 홉스와 루소가 묘사했던 가시성의 세계로서 근대사회의 초기 형태를 보여 준다. 홉스와 루소가 근대적 개인들 간에 일어나는 미묘한 인정투쟁에 주목했다면, 마키아벨리는 군주와 신민, 특히 귀족과 인민이라는

---

13   마키아벨리, 앞의 책, 90~91쪽 [제18장].

두 유형의 신민 사이에서 자신의 지위를 유지해야만 하는 군주의 입장에서 이 문제를 부각시키고 있다는 데에 차별점이 있다.

루소가 지적한 것처럼 이 가시성의 세계에서는 타인의 호의적 평가와 존경이 가치를 갖는다.[14] 마키아벨리가 사용한 표현에 따르면, 이러한 가치는 '영광'이며, 특히 세속적이고 공적인 영광(gloria)이다. 영광이란 전쟁, 외교, 정치에서 위대한 업적에 주어지는 명성과 평판으로, 영광을 잃는다는 것은 수치와 굴욕을 겪고 경멸받는다는 것을 뜻했다.[15] 군주는 영광을 획득하기 위해서 외양을 꾸며 낼 수 있어야 한다.

중요한 것은 진위의 여부가 아니라 어떻게 보이는지다. 정치이론가 한나 아렌트는 마키아벨리가 "사람들은 일반적으로 손으로 만지기보다는 눈으로 보아서 판단한다."라고 쓴 것을 정치 행위자가 해야 할 역할의 본질을 전달하는 것으로 해석한다. 아렌트는 마키아벨리에 대한 강의록에서 이렇게 쓰기도 했다. "정치에서는 우리가 반드시 나타나야 하고, 보고 보이며, 듣고 들려야 한다. 우리가 보여 주는 것이 곧 우리 자신이며, 그 반대는 아니다." 아렌트의 관점에서 마키아벨리는 정치의 근본적인 특징, 즉 정치 행위자가 공적 영역에서 어떻게 보

---

14 루소, 『인간 불평등 기원론』, 86쪽.
15 Russell Price, "The Theme of Gloria in Machiavelli," *Renaissance Quarterly* 30, no. 4(1977).

이는지를 자각해야 한다는 점을 인식하고 있었다.[16]

아렌트에게 전체주의란 '정치적인 것'의 핵심적인 공간인 공적 영역이 "더 이상 개인들이 행동과 말을 통해, 좋든 나쁘든 자신이 누구이며 무엇을 할 수 있는지를 드러낼 수 있는 외양의 공간(space of appearance)을 제공하지 못할 때" 도래한다. 그리고 이 공적 외양의 공간을 지배하는 원리는 마키아벨리가 말한 영광이다. 영광은 오직 공적 공간에서 사람들이 서로에게 자기 모습을 보여 줄 때 가능한데, 아렌트에게 있어서 그 이상적인 무대는 그리스 정치, 즉 폴리스였다. 이 무대는 단지 물리적인 공간이 아니라, 사람들 사이에서 소통하고 교류하는 방식에 의해 형성된다.[17] 이 공간은 국가 같은 포괄적인 제도가 아니라 하나의 경험 방식이다.[18] 하지만 아렌트 역시 폴리스에서의 영광은 사람들 사이의 시기와 불신을 만들어 내 도시를 파

---

16   Faisal Baluch, "Arendt's Machiavellian moment," *European Journal of Political Theory* 13, no. 2(2014), pp.158~159. 물론 아렌트는 마키아벨리의 사상이 지닌 두 가지 특징을 거부했다. 첫 번째는 수단과 목적을 계산하는 정치 공학적 면모이고, 두 번째는 공동체의 시작에 폭력이 불가피하다는 마키아벨리의 인식이다. 이를 통해 아렌트는 정치에서 노골적인 거짓말이 아니라 진실의 우위성을 강조할 수 있었다. 하지만 수행성을 정치의 핵심적인 특징으로 보는 아렌트 역시 공동체의 시작을 위해서는 기존에 존재하는 사실적 조건들을 극복하는 모종의 거짓말과 상상력이 반드시 필요하다고 보았다.

17   Hannah Arendt, Jerome Kohn(ed.), *The Promise of Politics*(New York, 2005), p.277.

18   Sheldon Wolin, "Hannah Arendt: Democracy and the Political," *Hannah Arendt: Criticial Essays*, Lewis P. Hinchman and Sandra K. Hinchman(ed.) (Albany, 1994), pp.303~304.

괴할 수 있다는 점을 인식했다.[19]

　아렌트에게 공적 영역이 모든 개인들의 무대였다면, 마키아벨리에게 공적 외양의 무대는 곧 국가(state)였으며, 그것은 어원상 그 자체로 군주의 상태나 지위(status)를 의미하기도 했다.[20] 따라서 군주가 자신의 권력지위를 확립하고 유지하는 것은 국가를 창건하고 유지하는 영광스러운 과업들과 분리될 수 없었다. 이 무대에서 배우는 오직 군주 한 사람, 고독한 거짓말쟁이다. 모종의 거짓말이 수행되는 특수한 경우는 바로 국가를 위대하게 만드는 때인 것이다. 이처럼 정치가 결국 가면을 쓰는 연극적 속성을 지닌다고 통찰한 마키아벨리는 한편으로는 권모술수를 상징하는 이름이 되었고, 동시에 근대 세계에서 정치의 자율성을 최초로 이해한 사상가로 평가된다. 말하자면 마키아벨리는 국가라는 거짓말 게임의 창시자다.

19　Arednt, op. cit., p.16.
20　오늘날 일반적으로 국가를 지칭할 때 사용하는 'the state'라는 영어 단어는 경쟁적인 단어들(polis, civitas, res publica)을 제치고 13세기 이후 그리고 마키아벨리가 활동하던 15세기 이탈리아에 이르러 본격적으로 사용되었는데, 그 기원은 라틴어의 status에 있다. 이 단어는 '서다'라는 동사에서 파생된 명사로서, 사람이나 물건의 위치나 자세, 더 나아가 정치조직의 기본적 양상 또는 공공복리의 상태라는 의미로 확장되었다. 박상섭, 『국가, 주권』(소화, 2008), 29쪽.

거짓말이 만든 새로운 서사

그렇다면 트럼프는 마키아벨리의 독자라고 할 수 있을까? 마키아벨리는 군주가 신민들과 함께 놓여 있는 가시성의 세계에서 자신이 갖고 있는 것처럼 보여야 하는 가장 중요한 덕목으로 신앙심을 꼽았는데, 트럼프야말로 이 덕목을 가진 것처럼 보이려 애써 노력한 대표적인 사례다.

2015년 첫 번째 대선 출마 캠페인 중 트럼프는 가장 좋아하는 책으로 성경을 꼽았다. 미국의 정치문화를 고려했을 때 칭송받을 만한 일이다. 하지만 곧장 이어진 "가장 좋아하는 구절은 무엇이냐."라는 앵커의 질문에 한참을 머뭇거리며 답을 하지 못했다. 당시 트럼프는 "성경에 대한 것은 지극히 사적인 것으로 언급하고 싶지 않다."라고 밝혔다. 이후 트럼프는 "눈에는 눈 이에는 이."라는 어쩐지 본인과 잘 어울리는 구절을 가장 좋아한다고 언급하기도 했으며, 두 번째 대선을 도전하면서 성경에 독립선언문, 국기에 대한 맹세, 헌법 전문 등을 포함한 책을 59.99달러에 판매하는 세일즈맨의 면모를 보이기도 했다. 트럼프는 이때 이렇게 말했다. "모든 미국인은 가정에 성경책이 필요한데, 내가 많이 갖고 있다. 내가 가장 좋아하는 책."[21]

---

21 「성경 영업사원으로 나선 억만장자라니…… "신앙을 돈벌이에" 비판 모른 척」, 《매일경제》, 2024년 3월 24일.

어쩌면 트럼프가 마키아벨리의 교리를 다소 우스꽝스럽게 따르고 있다고 봐도 좋을 것이다. 성공한 부동산 사업가에서 정치인으로 변모하는 과정에서 수많은 논평가들이 그를 희화화했지만, 그가 미국 대통령이라는 세계 최고의 지위에 올랐다는 사실은 부정할 수 없다.

그의 거짓말과 개소리를 진실이라는 잣대로 평가할 수 있을까? 정치학자 존 킨은 진실에 둔감해지는 개소리가 난무하는 포스트트루스 정치(post-truth politics), 즉 '탈진실 정치'에는 단순한 거짓말만 있지 않다는 사실을 강조하며 거짓말과 사실의 이분법을 경계한다. 포스트트루스 현상에는 도그 휘슬링, 노골적인 무례함, 트집 잡기, 의도적인 회피와 침묵 등의 수사적인 전략도 포함된다.[22] 이러한 수사적 전략들은 개소리나 탈진실 현상이 대중들이 무엇을 보고 무엇을 보지 않을지 결정하는 언어게임으로 나타난다는 것을 의미한다.

킨은 탈진실 현상이 단순히 거짓과 진실의 문법으로 이루어진 것이 아니기 때문에 팩트체크는 그 해법이 될 수 없다고 말한다. 나아가 가짜뉴스를 정정하는 속보 경쟁에 대한 집착은 오히려 장기적인 안목에서 현상을 이해할 수 없게 만든다고

---

22   John Keane, "Post-truth politics and why the antidote isn't simply 'fact-checking' and truth," *Conversation*(Mar 23, 2018). 도그 휘슬링은 겉으로는 중립적인 언어를 사용하지만, 특정 집단에게는 암묵적 신호가 되거나 자극을 유발하는 전략이다.

지적한다. 이러한 대응 역시 탈진실 정치의 전략에 포획된 결과라는 것이다. 개소리는 개소리지만, 우리가 세계를 감각하는 방식을 지배한다.

엉터리처럼 출발하는 것 같지만 트럼프는 허세와 과장을 통해 신앙심의 상징과 이미지를 독점한다. 그는 두 번째 대선 캠페인 중 암살 시도에서 자신이 살아남은 것은 신의 뜻이라고 말했으며, 결국 당선된 두 번째 취임식 연설에서는 이렇게 회상했다. "불과 몇 달 전, 아름다운 펜실베이니아의 들판에서, 암살자의 총알이 내 귀를 스쳐 지나갔다. 하지만 그 순간에도, 그리고 지금은 더욱 확신하듯이, 내 생명이 구원된 것은 이유가 있기 때문이라고 믿는다. 나는 미국을 다시 위대하게 만들기 위해, 신께서 구원해 주셨다." 새로운 서사이자, 거짓말이다.

트럼프가 이러한 믿음을 실제로 지녔는지는 중요하지 않다. 중요한 것은 그의 말과 행동이 외양의 무대라고 할 수 있는 공적 영역을 가득 채우고 있다는 사실이다. 시선을 사로잡고 조회수를 높이며 확산을 주도한다. 진지한 사람들이 정치인들의 말들만을 쫓아 그 진위 여부를 판별하려고 할 때마다 그들이 기획한 무대에 초대된다.

작은 트럼프들의 무대

이처럼 정치의 연극성을 충실히 따르고 있다면 트럼프는 일종의 거짓말 게임을 수행하고 있다고 이야기할 수 있다. 또한 그는 국가의 영광과 자신의 영광을 일치시키는 마키아벨리의 배우처럼 보이기도 한다. 정말로 국가를 다시 위대하게 만들려고 노력하고 있기 때문이다.(Make America Great Again!)

하지만 트럼프의 극장은 조금 유별난 구석이 있다. 바로 자신의 지지자들이 이 무대를 활용할 수 있게 한다는 점이다. 트럼프가 추구하는 미국의 영광은 자신의 영광임과 동시에 미국 시민, 특히 지지자들의 영광이다. 마키아벨리의 극장에서도 인민은 영광의 주체가 될 수 있다. 군주가 창건하고 확립한 극장을 유지하는 방식을 통해서만이다. 이와 달리 트럼프의 지지자들은 이 국가라는 극장을 전유하는, 두말할 것 없는 주인공들이다.

그 주인공 가운데 리처드 버넷이 있다. 군주도 아니고 정치인도 아닌 평범한 시민인 그는 2021년 1월 6일 조 바이든 후보의 대선 승리를 공식화하기 위해 의원들이 모여 있던 미국 의사당을 점령했다. 이 폭동은 실시간 라이브로 중계되었고, 민주주의의 전당이 난도질당하는 사진은 소셜 미디어를 통해 순식간에 퍼졌다. 그 가운데 낸시 펠로시 하원의장의 책상에 발을 올린 채 의기양양해하는 리처드 버넷의 사진도 있었다.

그는 당초 아칸소 출신의 전직 소방관으로 알려졌지만 사실 여부는 불분명하고, 총기 단체의 회원으로 밝혀졌다.《워싱턴포스트》는 공포스러운 폭동 현장을 보여 주는 다른 사진들과 달리 이 사진에서 일종의 '잘난 체(smugness)'가 읽힌다고 지적했다.[23] 실제로 이후 버넷은 자기 사진에 서명을 해 100달러에 판매하기도 했다.[24]

이 사진을 둘러싼 촌극은 트럼프의 극장이 가시성의 세계를 독특한 방식으로 뒤집어 놓는 역할을 수행한다는 것을 보여 준다. 마키아벨리의 관점에서 보면 버넷이라는 인물은 하룻밤 동안 인민의 역할에서 벗어나 지배하려는 기질을 타고난 사람 같은 역할을 수행했다. 그는 단지 인민에서 귀족으로의 역할 변경만을 감행한 것이 아니라 잠깐은 군주로서의 역할을 수행하고 있었던 것인지 모른다.(하원의장은 미국 의전서열 3위다.) 이러한 전도에는 계급적인 것뿐만 아니라 남성주의적 우월감이 자리하고 있으며 트럼프의 극장은 바로 그러한 우월감이 대안적 영광을 차지하는 자리를 마련해 주고 있다. 선거를 '빼앗겼다고' 믿는 사람들은 트럼프의 극장, 거짓말 게임의 대

---

23   "Many of the images from the Capitol riot showed the terror. One highlighted the smugness," *The Washington Post* (January 7, 2021).

24   버넷은 중범죄 및 경범죄 혐의로 54개월의 징역형을 선고받았지만, 2025년 1월 재선에 성공한 트럼프 대통령에 의해 사면되었다. 임기가 시작된지 한 시간 만에 일어난 사면 조치였다.

리-수행자들이다.

백악관을 '점령한' 자기 모습이 담긴 사진을 판매한 버넷과 '자신이 가장 좋아하는 책'인 성경 세일즈맨을 자처하는 트럼프는 어쩐지 비슷한 느낌을 자아낸다. 트럼프 극장의 핵심은 다시 위대해질 국가와 트럼프, 그리고 지지자들 사이에 연극적 공모가 이루어진다는 사실이다. 트럼프는 성조기 앞에서 다시 위대해질 국가의 이미지를 독점하고, 그의 지지자들은 트럼프의 마가(MAGA) 모자를 쓰고 작은 트럼프들의 배역을 도맡는다. 근대국가에서 '국가-대표자-국민'의 관계는 모종의 연극을 통해 서로의 정치적 지위를 확보하고 유지한다. 트럼프 극장은 바로 이 근대정치의 핵심적 특징을 공유하고 있는 것이다.

문제는 이 게임에서 누구의 지위가 더 안전해지고 누구의 지위는 더 불안정해지느냐다. 앞선 거짓말 게임에서 수영이 추구한 것은 수영과 상수가 동등한 지위를 갖는 세계다. 현실에서 가장 불안정한 지위를 가진 수영은 언제나 미묘하고 사소한 차별을 견디고 있다. 아렌트는 공적 영역이라는 무대에서 사람들이 동등하고 자유롭게 행동하고 발언하는 것을 이상으로 여겼을 것이다. 미묘하고 사소한 차별을 견뎌 왔던 이들까지도 다른 이들과 동등하게 만나는 무대다. 마키아벨리의 관심사는 군주와 국가의 지위가 확고해지는 것이었다.

트럼프의 극장은 가시성의 세계에서 그동안 모멸감과 수치를 경험했을 법한 사람들이 참여하는 거짓말 게임인지 모른

다. 하지만 수영이 하고자 했던 거짓말 게임과 달리 이 게임은
의사당 폭동 사태에서 볼 수 있는 것처럼, 미묘한 내전상태의
긴장을 제어하는 것이 아니라 폭력을 분출시켰다. 트럼프의 극
장은 뒤집힌 극장이며 전도된 거짓말 게임인 셈이다.

　무엇이 이러한 전도를 가능하게 했을까? 폭력을 분출하는
대신 감정을 교류할 수 있는 동등한 사람들의 무대는 없을까?
이러한 질문에 답하기 위해서는 지위를 연기하는 사람들의 행
동과 감정을 이해해야만 한다. 이제 거짓말 게임의 창시자인
마키아벨리와 뒤집힌 트럼프의 극장 사이에 어떤 이야기가 있
었는지 살펴볼 차례다.

2장 과시하는 인간들의 사회

"과시적 인간은 경제적 인간이라기보다는
정치적 인간이다. 재산이 얼마나 많은지를
겨루지 않고 자신이 타인보다 얼마나 존엄한지를,
그러니까 자신이 타인을 지배할 수 있는
지위에 있는지를 증명하려고 한다."

트럼프 극장의 관객들은 그가 판매한 성경책을 정말 읽을까? 외양이야말로 중요하다는 마키아벨리의 교훈을 따르자면 이 질문은 의미가 없어 보인다. 중요한 것은 트럼프가 자신의 신앙심을 보여 주기 위해 성경이라는 이미지를 활용하고 그의 지지자들 역시 바로 그 성경을 구매함으로써 자신이 '기독교적 미국'이라는 이상을 공유하는 사람임을 보여 주는 일이다. 59.99달러면 이 모든 연극적 공모가 가능하다.

하지만 이러한 연출이 단지 특정 정치 세력의 전유물은 아니다. 한국 사회에서 유행하고 있는 '텍스트힙'을 한번 떠올려 보자. 텍스트힙은 독서하는 행위가 멋있고 세련된 활동으로 인식되는 현상을 가리키는데, 자극적인 동영상 콘텐츠가 난무하는 시대에 아날로그적 감수성을 희구하는 일종의 반작용이라 할 수 있다. 책을 읽는 것은 분명 멋진 일이다. 하지만 2023년 기준 한국에서 성인의 한 해 평균 독서량이 7.2권인데, 이 정도 독서량으론 멋진 독서가를 떠올리기 쉽지 않다. 그런데 독서가 '힙'해 보인다니, 독서라는 행위의 배후에도 어쩐지 마키아벨리의 그림자가 엿보이는 것만 같다.

여전히 책을 진득하게 읽고 있는 독서가들은 불쾌하겠지만, 이 현상에서 책은 트럼프의 성경과 유사한 성격을 지닌다. 중요한 것은 구매 행렬에 참여하고 그것을 전시하는 삶 전체가 보여 주는 이미지다. 책을 읽는 행위가 아니라 책을 읽는다는 사실 자체가 보여 주는 이미지의 환기가 핵심이다. 유례없이 산만한 시대에 집중하는 자아를 연출할 수 있는 계기를 책이라는 사물은 제공해 준다. 책을 쓸 수 있다면 이미지는 배가된다. 말하자면 책은 문예 공화국의 시민임을 보여 주는 증표다.

최근 영어권에서 유행하는 '퍼포머티브 메일(performative male)' 현상에서도 책은 감성적인 취향을 드러내는 중요한 오브제다. '보여 주기식 남자들'의 주요 아이템은 종이책에 더해 말차라떼, 유선 이어폰, 카메라, 에코백 등으로 알려져 있다. 페미니스트 슬로건이 담긴 에코백이나 티셔츠라면 더 좋을 것이다. 백악관을 점령한 자신의 남성성을 드러내는 버넷의 모습과 비교해 볼 때, 전통적인 남성성에서 벗어나 다양한 취향을 시도하고 게다가 종종 책도 읽는다니 긍정적으로 보이기도 한다. 하지만 전혀 다른 남성성을 보여 주는 버넷과 '퍼포머티브 메일' 사이에는 눈에 띄는 유사점이 있다. 그들 모두 과시적 인간이라는 사실이다.

타인의 호의를 사기 위해 자신의 외양을 꾸미는 인간, 마키아벨리적 군주들과 루소의 오두막집 앞에 모인 이들의 후예, 과시적 인간들이 여기에 있다. 한여름의 숨막히는 더위에도 헐렁한 청바지를 휘날리며 걷는 수많은 젊은이들이 오간다. 손에 휴대용 선풍기를 쥐었지만 긴 바지만큼은 포기하지 못하는 그들은 무엇을 과시하는가? 유행을, 더 정확히는 남다른 유행에 대한 감수성을 과시한다. 이처럼 사회적으로 만연한 과시와 유별난 정치적 과시 사이에는 어떤 유사점이 있을까? 과시적 인간이란 도대체 어떤 사람인가? 그들은 어떤 사회를 만들고 있는 것일까?

과시는 곧 지위경쟁이다

패션이 자기 표현의 수단이거나 취향이라는 유구한 항변이 있지만, 베블런이라면 동의하지 않을 것이다. 현대 소비사회의 과시적 행태를 예리하게 분석한 경제학자이자 사회비평가이기도 했던 소스타인 베블런은 패션에 대해 이렇게 말했다.

의복 비용은 그 사람의 재정 상황을 **누구에게나 한눈에 보여 준다는 점에서** 다른 대부분에 비해 뛰어난 예시다. 또 의복은 다른 소비 품목 이상으로 **보여 주기 위한 지출**이 용인되며 분명히, 그리고 필경 누구나 행한다고 말할 수 있다. 어떤 계급의 누구라도 의복에 충당하는 지출의 대부분은 몸을 지키기 위함이 아니라 **그럴듯하게 보이기 위함**이라는 점을 즉시 인정할 것이다.[1]

이 짧은 구절에서 베블런은 의복이 보여 주기식 삶의 중요한 도구라는 사실을 여러 차례 강조하고 있다. 트럼프의 성경, 텍스트힙, 퍼포머티브 메일, 정치적 남성성 모두 의복과 유사한 도구적 성격을 공유한다. 베블런은 의복뿐 아니라 예의범절, 어법, 행실처럼 일종의 교양으로 이해되는 것들 역시 많은 사람의 눈에 직접 보이기 때문에 평판을 얻기 위한 수단으로 받아들여졌다고 지적한다. 중요한 것은 타인에게 나의 재력을 보여 주는 것이다. 자신의 평판을 높이려면 이처럼 불필요한 사치품에 돈을 사용하고 낭비해야 한다.

이처럼 베블런이 연구 대상으로 삼고 있는 '유한계급'은 말 그대로 생산 노동에서 벗어나 소비와 여가를 통해 사회적 지위를 과시하는 계급이다. 이때 소비와 여가를 낭비적으로 보여 주는 것은 생산 노동에서 벗어났다는 것을 의미하는 지표가 된다.

왜 생산하는 노동에서 면제받았다는 사실이 중요한가? 노동은 비천하기 때문이다. 베블런의 진단에 따르면, 생산 노동

---

1   소스타인 베블런, 박홍규 옮김, 『유한계급론』(문예출판사, 2024), 177쪽.

에 대한 폄하는 야만시대의 약탈 문화에서 비롯되었다. 평등하고 평화롭던 원시시대를 지나 야만시대에 접어든 인간들은 최소한의 식량을 확보하는 데에는 문제가 없었지만, 전쟁을 수행하거나 대형 짐승을 사냥하는 데에 일상의 많은 시간을 할애하게 되었다. 따라서 일상적 노동은 비천한 일로 간주되고 (따라서 여성들이 수행하게 되고) 남성적이고 영웅적인 일들은 가치 있는 일로 여겨졌다는 것이다.

같은 논리로 재산은 전승의 기념으로 가지고 돌아온 전리품에서 비롯되었으며, 소유의 목적은 타인에게 지지 않고 명예를 유지하고 사회적 차별을 만드는 데에 있다. "재산의 소유는 세간의 존경을 확보하는 요인인 동시에 자존이라고 하는 자기만족을 확보하는 필수 조건"이기 때문이다.[2] 의복은 내가 무언가를 낭비할 수 있는 영웅적인 지위에 있음을 보여 주는 상징인 셈이다. 이 영웅은 마키아벨리가 강조한 '세속적이고 공적인 영광'을 추구할 것이다.

베블런은 이처럼 사회적 과시를 정치적 행위로 이해하고 있다. 과시적 인간은 단순히 경제적 인간이라기보다는 정치적 인간에 가깝다. 정확히 말하면, 과시적 인간은 계급적 정치성을 지니고 있다. 재산이 얼마나 많은지를 겨루지 않고 자신이 타인보다 얼마나 존엄한지를, 그러니까 자신이 타인을 지배할

2   위의 책, 46쪽.

수 있는 지위에 있는지를 증명하려고 한다. 실제로 전통사회로 부터 자원을 낭비하는 역할은 공동체 수장에게 부여되었고 그것은 곧 권위의 표현 방식이었다.[3]

퍼포머티브 메일과 작은 트럼프들

베블런은 과시가 마치 재산과 소유의 격차를 반영하는 거울인 것처럼 묘사한다는 인상을 준다. 과시적 인간들 사이의 경쟁은 단순히 실제 계급을 반영하는 게임일까? 그렇다면 이 게임의 승자와 패자는 이미 정해져 있을 것이다. 하지만 현대 소비사회의 특징은 설령 소비와 유한을 마음껏 과시할 수 있는 계급은 한정되어 있을지언정 과시적 소비와 여가의 법칙이 모든 계급에게 적용된다는 데에 있다. 베블런도 분명 이러한 현대사회의 특징을 간파했다.

상위 계층에서는 대량의 소비나 유한을 대행할 필요가 있기 때문에, 현재도 **아내 외에 다수의 피고용인**이 그 일을 수행한다. 그러나 하위 계층으로 내려가면, 어느 층 이하에서는 이러한 역할이 아내에게만 위임된다. 현재의 서양 문화 사회에서

3   마르셀 모스, 박세진 옮김, 『증여론』(파이돈, 2025).

는 하위의 중류계급이 이에 해당한다. 그리고 여기서 **기묘한 역전 현상**이 일어난다. 이러한 하위 중류 계급에서는 보통 일가의 주인이 유한을 꾀하는 기색을 전혀 볼 수 없다. 주위 사정 때문에 유한의 습관이 소멸한 것이다. 그러나 아내 쪽은 일가 주인의 명예를 위하여 여전히 유한을 대행하는 역할을 수행한다.[4]

소비와 여가를 낭비적으로 과시하는 데에는 대행자의 역할이 필요하다. 기본적으로 과시적 인간에게 대행자가 중요한 이유는 누구나 늘상 타인의 시선 속에서 생활하지는 않기 때문이다. 말하자면 인간은 사생활을 갖는다. 이렇게 타인의 눈에 보이지 않는 시간에도 내가 소비와 여가를 낭비할 만한 재력을 소유한 사람이라는 것을 증명하고 선전해야만 한다.

대행자는 과시적 인간 옆에서 일상의 낭비를 증명한다. 특히 남성 중심의 약탈 문화에서 아내는 최초의 그리고 마지막 과시의 대행자다. 여기서 베블런이 지적한 '기묘한 역전 현상'은, 쉽게 말해 남성 가장이 경제적 지위가 열악함에도 아내에게만은 낭비를 허용함으로써 자신의 지위를 그럴듯하게 과시한다는 것이다. 이제 과시는 실제를 그저 표현하는 수단이 아니라 외양을 꾸미는 하나의 전략이 된다.

4   베블런, 앞의 책, 95~96쪽.

과시적 인간의 전략적 수행성이 단순히 재산의 유무에 의
존하지 않는다는 사실은 과시가 정치화될 가능성을 시사한다.
서로 다른 남성성을 드러내는 두 유형 '퍼포머티브 메일'과 '작
은 트럼프들'을 생각해 보자. 이들에게 중요한 것은 내적 본질
이 아니다. 페미니스트 책을 들고 있는 행동과 여성 권력자를
모욕하는 행위는 자산이나 직위 같은 객관적 삶의 지표를 요
구하지 않는다. '작은 트럼프들' 역시 트럼프와 유사한 행동과
언행을 일삼는 것만으로도 마치 권력을 가진 것처럼 외양을
꾸며 멜 수 있다.

하지만 트럼프 극장에서 작은 트럼프들의 과시는 대행과
시라는 점에서 퍼포머티브 메일의 과시와는 차이가 있다. 이와
같은 대행과시의 특징은 뚜렷한 평판의 귀속점이 있다는 데
에 있다. 그래서 대행자와 그 평판이 귀속되는 주인 사이의 관
계를 명확히 보여 주는 "제복이나 배지나 치장" 등이 유행하
게 된다.[5] 마가(MAGA) 모자나 트럼프의 성경 책은 바로 이와
같은 대행의 연쇄를 보여 주는 표식이다. 말하자면 작은 트럼
프들의 과시는 계급 정치성을 넘어서 전략적 수행성을 강하게
띨 때 빛을 발한다.

이때 대행과시를 수행하는 작은 트럼프들은 지위의 하
락을 경험하는 사람들이다. 이는 대행과시가 가난한 유한 신

---

5   위의 책, 93쪽.

사 계급에서 비롯되었다는 베블런의 지적을 상기시킨다. 가난한 유한 신사 계급은 좋은 집안에서 태어났지만 가난한 자들, 즉 문화적 지위와 경제적 지위의 불일치를 경험하는 사람들이다.[6] 베블런은 "빈곤의 한계점에 처한 유한 신사는 종속과 충성을 맹세하고 유력 신사 아래로 들어간다."라고 썼다.[7] 사회적 과시가 경제적 계급을 드러내는 일차원적 행위라면, 정치적 과시는 대행자를 중심으로 한 집단적 결사를 통해 전략적으로 수행된다는 것을 보여 준다. 이러한 집단적이고 정치적인 과시에는 현재 자신의 처지를 거짓으로 꾸미는 행동이 수반된다.

과시는 일상의 연극적 수행이다

베블런의 과시적 인간들이 지닌 계급 정치적 성격이 보다 외연이 넓은 정치적 과시로 나타날 때 비로소 '거짓말'이 작동한다. 이는 과시가 자신의 지위, 더 정확히는 자신이 생각하는 주

---

6 트럼프 2기 정부의 부통령인 J.D 밴스의 자전적 성장기 『힐빌리의 노래』는 백인 노동 계급 가정의 불안정성과 그로 인한 굴욕을 묘사하면서, 이들 백인 노동 계급이 겪는 인종-문화적 지위와 경제적 지위 사이의 불일치를 보여 준다. 이 책은 트럼프 극장의 대리수행자의 심리에 대한 보고서로 읽을 수 있다. J.D 밴스, 김보람 옮김, 『힐빌리의 노래: 위기의 가정과 문화에 대한 회고』(흐름출판, 2017).

7 베블런, 앞의 책, 92쪽.

관적인 자아와 타인들이 바라보는 객관적 자아 사이에서 일어
나는 연극적 수행이라는 사실과도 관련된다.

사회학자들은 오래전부터 인간이 일상 속에서 의례를 통
해 관계 맺는다는 관점을 발전시켜 왔다. 어빙 고프먼은 타인
을 존대하고 자신의 처신을 행위 규범에 맞게 수행하는 '의례
적 협동 작업의 결과'로 자아가 구성된다고 강조했다.[8] 이때 의
례는 일상생활의 미시적 영역에서 이루어진다. 가령 손님에게
의자를 권하는 행위는 내가 자제력을 갖고 차분히 처신한다는
것을 보이는 의례가 된다. 말하자면 고프먼이 주목하는 것은
일상 속에서 준수되는 예의범절로서 의례 규칙이다.

이 가운데 주목할 것은 일상의 의례가 연극적일 수 있다
는 고프먼의 통찰이다. 인사, 초대, 찬사, 작은 호의 등이 모두
연극적인 일상 의례에 속한다. 이러한 의례를 행할 때 인간은
타인이 자신의 말과 행동을 수용할 수 있게끔 자기 인상을 통
제하려 한다는 것이다.[9] 사람(person)이라는 단어의 어원이 '가
면'이라는 사실에 주목하면서, 고프먼은 일상에서 역할을 수행
하는 데에 외적 표현이 갖는 중요성을 강조한다.

<hr>

8   어빙 고프먼, 진수미 옮김, 『상호작용 의례: 대면 행동에 관한 에세이』(아카넷,
     2013), 93쪽.
9   어빙 고프먼, 진수미 옮김, 『자아연출의 사회학: 일상이라는 무대에서 우리는 어
     떻게 연기하는가』(현암사, 2023), 27쪽.

잡지 《보그》의 모델은 자기가 포즈로 들고 있는 책을 이해할 정도의 교양이 있음을 옷차림, 자세, 얼굴 표정으로 드러낼 수 있어야 한다. 그런데 적절한 표현을 하기 위해 그토록 고생하는 당사자는 정작 책을 읽어 볼 시간이 별로 없다.[10]

고프먼은 여기에서 표현과 행위의 긴장에 대해 설명하고 있다. 책을 이해할 정도의 교양을 과시해야 하는가, 아니면 책을 진짜 읽어야 하는가? 텍스트힙 사례가 보여 주듯, 우리는 소셜 미디어에서 보이는 삶이 이러한 딜레마 속에 있다는 것을 직관적으로 알고 있다. 잘 짜인 완성도 높은 콘텐츠를 찍고자 할 때 실제 그 장소에서의 경험은 왜곡되고 축소될 수밖에 없다.

상호작용을 의례로 이해할 때 더욱 중요한 것은 대다수의 사람들이 이런 연출에서 자유롭지 않다는 사실이다. 고프먼은 사회 계급과 관련된 지위경쟁에서 특히 이러한 경향이 두드러지며, 이른바 '이상화'가 이루어진다고 본다. "공연자가 자기보다 더 높은 계급 지위에나 어울릴 공연을 과장되게 연출한다"는 것이다.[11] 말하자면 지위를 상승시키거나 하락을 막으려는 연극적 수행에는 이상적 기준이 적용되어 과시적 행태가 두드러진다.

10 위의 책, 48~49쪽. 사람이 가면으로 이해되는 방식은 4장에서 살펴볼 홉스의 국가론에서도 등장한다.
11 위의 책, 54쪽.

과시적 인간의 과시적 행동이 의례적 협동 작업의 결과라는 말은 곧 과시가 사회적으로 승인되는 방식에 의존한다는 의미다. 상호작용은 얼굴을 마주하고 대화하는 만남의 형식을 취하기 때문이다. 하지만 이때의 승인은 진정으로 마음에서 우러나오는 동의의 산물이 아니라 실제로 동의하지 않으면서 "일시적으로 비위를 맞춰 주는" 외적 승인의 형태를 띤다.[12] 이렇게 볼 때 과시적 인간은 집, 학교, 직장이라는 일상의 무대에서 세련된 예법을 준수할 수 있는 배우라고 할 수 있겠다.

이러한 맥락에서 의례는 사회가 부여한 일종의 규칙으로서 중요성을 지닌다. 고프먼은 우리가 수치심과 당혹감을 느낄 때조차도 침착성으로 그것을 억눌러 상호작용의 순조로운 흐름을 깨지 않으려는 경향성이 있다고도 강조했다. 과시적 인간이란 고도의 사회적 성향을 지닌 세련된 존재다. 우리는 유행에 대한 감수성과 재력을 과시하는 사람들에게서 질시의 감정만큼이나 사회적 안정감을 느끼는지도 모른다. 그들은 갑자기 나한테 다가와 예의 없는 행동을 할 것 같진 않으니까.

과시의 대행자들이 주인에게 강요된 연기를 수행하고 있다고 말한 베블런 역시 과시를 일상의 의례를 세련되게 수행하는 일로 이해한 것 같다.[13] 하지만 계급적 차이에 보다 주목

12　고프먼, 『상호작용 의례』, 23쪽.
13　베블런, 앞의 책, 75쪽.

한 베블런은 과시가 본질적으로 상호배타적 성격을 지닌다는 점을 강조했다. 그의 관점에서 예의란 상호작용의 기술이라기보다는 신분을 드러내는 표현으로, 아랫사람을 대할 때는 우월한 태도를, 윗사람이나 동등한 이를 대할 때는 복종이나 추종의 태도를 반영한다. 의례를 통한 상호작용은 지배와 예속의 관계를 분명히 드러내는 연극일 뿐이다.

과시를 위한 중개인

고프먼의 연극은 외적 수행에 강조점을 둔다는 점에서 자유로운 반면, 베블런의 연극은 계급성을 전제한다는 점에서 다소 경직되어 있다. 말하자면 고프먼에게 '거짓말'이 게임의 규칙인 반면, 베블런의 '거짓말'은 제한적이다. 우리의 현실은 어디에 더 가까울까? 나의 취향을 표현하는 보여 주기식 삶은 어떤 점에서 자유로워 보이지만, 과연 계급적 영향력에서 자유로울까? 책 한 권을 보여 주는 것은 쉽지만 진짜 서재를 보여 주기는 어려운 것처럼 말이다. 정치 영역에서 일어나는 위계적 연극에서 우리는 얼마나 자율성을 가질 수 있을까?

대행과시는 이 좁은 자율성의 영역을 최대한으로 사용하는 전략이다. 리처드 버넷은 대행과시를 통해 자신이 가지고 있지 못한 계급성을 한껏 드러내는 전략을 수행한다. 이때 트럼프는 피대행자의 역할을 수행한다. 마가(MAGA) 진영을 비롯해 우파가 사회적 세련됨을 의도적으로 외면하는 태도에도 이와 유사한 양상이 드러난다. 영국의 브렉시트 국민투표를 이끌고 이후 수상직까지 수행했던 보수당 정치인 보리스 존슨은 부스스한 더벅머리로 알려져 있다. 세련됨을 거부하는 이 헤어스타일은 실제로 부유층 출신이며 이튼스쿨과 옥스퍼드대를 거친 전형적인 영국의 엘리트층인 그의 화려한 이력과 상충되어 보인다. 그의 헤어스타일은 오히려 세련된 브뤼셀 정부(유럽연합)으로부터 '빼앗긴' 주권을 되찾고자 했던 영국 우파 진영의 서민적 감수성에 부합한다. 이는 세련된 과시에 실패한 사람들을 위한 연극적 공모다.

그런데 바로 이 피대행자의 역할에서 우리는 근대국가의 근본적인 역할을 발견할 수 있다. 앞서 살펴본 대로 트럼프의 극장이 전도된 거짓말 게임의 형태를 보여 주는 이유는 오직 자신의 권위를 대행해 주는 사람들에게만 안정된 지위를 약속한다는 데에 있다. 근대국가는 세련된 인간들이 자유롭게 수행하는 고프먼의 연극과 지배관계에 따라 수행되는 베블런의 연극이 맞닿는 지점에서 그 얼굴을 드러낸다. 그렇다면 세련되었지만 불평등한 사회에서 지배관계를 드러내려는 욕망은 어떻게 해소될 수 있을까?

인간의 의례적 행동에서 세련됨을 강조한 고프먼은 과시적 인간들이 만든 사회에서 개인이 신의 신성한 과업을 대신

한다고 보았다. 개인은 의례적 조심성을 가지고 대해야만 하는 신성한 존재이자 일종의 성직자다. 따라서 그들 사이에는 사회적 상호작용을 위해 신과 같은 '중개인'은 더 이상 필요 없다.[14] 그러나 앞으로 살펴보겠지만, 신이 없는 세계에서 사람들은 새로운 중개인을 찾아야만 했다. 트럼프가 수행했던 피행자로서의 대표자의 역할, 사람들의 지위와 국가의 지위를 연결시키는 근대국가의 초상이 여기에 있다.

거짓말 게임으로서의 근대국가는 고프먼의 연극과 베블런의 연극이 갈등하는 지점에서, 사람들이 세련된 연극을 동등하게 수행할 수 있도록 만드는 중개인의 역할을 맡았다. 트럼프 극장의 대행과시와는 다른 방식으로 말이다. 중개인으로서 근대국가를 이해할 수 있는 한 가지 사례가, 고프먼의 연극과 베블런의 연극을 정치적으로 재정의하려고 했던 몽테스키외의 시도다.

18세기 계몽사상가로 알려진 몽테스키외는 상업 자본주의의 발전을 수용하면서도 그것을 공화주의적 정치 이상 속에서 조화시키려고 한 인물이다. 이 문제의식은 고프먼의 연극과 베블런의 연극을 통합하려는 시도로 해석될 수 있다. 베블런의 관점에 따르면, 과시적 인간은 계급성을 반영하는 경제적인 존재인 동시에 지배관계를 관철하려는 정치적 성격을 함께 지니

14 　고프먼, 『상호작용 의례』, 103쪽.

고 있다. 하지만 몽테스키외의 사상에 주목한 경제학자 앨버트 허시먼에 따르면, 금전 획득을 위한 경제적 욕망과 영광 그리고 명예를 추구하는 영웅적 이상은 점차 멀어져 갔다.[15] 베블런의 유한계급이 과시적 소비를 통해 여전히 영웅적 정념의 지배를 받고 있었다면, 이해관계에 사로잡힌 인간은 더 이상 통제되지 않는 정념에 휘둘리기보다 몽테스키외가 강조한 것처럼 '온화한 상업(doux commerce)'을 추구하기 시작했다.

허시먼은 이러한 인간관의 전환을 포착한 자신의 작업이 몽테스키외의 통찰에 빚지고 있다는 사실을 거듭 강조했다. "정념이 사람들에게 악인이 될 생각을 불어넣는데도 그렇게 되지 않는 것이 이익인 상황에 있다는 것은 사람들에게 다행스러운 일이다."[16] 몽테스키외는 이익을 보장해 주는 상업이 야만적 풍속을 온화하게 혹은 부드럽게 만들어 준다고 믿었다. 여기서 온화하다는 것은 정중함, 세련된 태도, 사회적으로 유용한 행태와 같은 의미를 지닌다.

그렇다면 중개인의 역할이 상업에 부여된 것일까? 애덤 스미스가 '보이지 않는 손'이라는 표현을 통해 사람들의 사적 이익의 추구가 공적 이익에 부합한다고 역설한 것처럼 말이다. 그런데 애덤 스미스가 보이지 않는 손이라는 표현을 사용하기

---

15   앨버트 O. 허시먼, 노정태 옮김, 『정념과 이해관계: 자본주의의 승리 이전에 등장한 자본주의에 대한 정치적 논변들』(후마니타스, 2022).
16   위의 책, 24쪽, 124쪽.

전에 몽테스키외는 이와 유사한 관념을 이미 제시했다. 그리고 그 손의 주인은 상업이 아니라 군주였다. 몽테스키외가 공화주의자인 점을 생각하면 놀라운 일이다.[17]

몽테스키외는 분명 전제정치에 대한 반감 속에서 사람들을 온화하게 만드는 상업의 힘을 옹호했다. 하지만 동시에 그는 자본주의적 상업의 발달이 공화정에 끼칠 악영향을 예민하게 주시하고 있었다. 공화정의 원리인 '덕성(virtue)'이 사적 이익을 추구하는 탐욕적인 행위와 양립하기 어렵다고 보았기 때문이다. 덕성은 조국애, 희생정신, 참다운 영광에 대한 욕망 등 영웅적 정념의 성격을 지니고 있기도 했다. 자본주의적 상업을 옹호하면서 온전한 공화주의자가 될 수는 없었다. 자본주의적 상업은 사적인 이익을 적극 옹호하는 반면, 공화주의자는 언제나 공동의 선을 우선해야 하기 때문이다. 가령 개인의 이익만이 중요하다면 공동체를 위해 군에 복무하는 시간은 다른 활동에서 얻을 수 있는 이익을 포기하게 만드는 기회비용일 뿐이다.

정념이 아닌 이해관계를 따르는 온화한 상업을 옹호하면

17　몽테스키외와 공화주의의 관계에 대한 심도 있는 검토에 대해서는 Robin Douglass, "Montesquieu and Modern Republicanism," *Political Studies* 60, no. 3(2011) 참조. 더글라스는 근대 공화주의 전통의 핵심에 몽테스키외를 위치시키는 주류 해석을 비판적으로 재검토하며, 몽테스키외 사상에서 군주제가 지닌 중요성을 강조한다.

서도, 몽테스키외는 정념을 아예 부정할 수 없었다. 몽테스키외에 따르면 정치공동체는 필연적으로 하나의 원리에 기반해야 했는데, 원리는 그 정체를 움직이는 인간의 정념이었기 때문이다. 몽테스키외는 정체를 크게 공화정, 군주정, 전제정으로 구분하고 공화정을 다시 민주정과 귀족정으로 나눴다. 공화정의 원리가 덕성이라면, 군주정에서는 명예가, 전제정에서는 공포가 그 역할을 수행한다. 사적 이해관계와 덕성은 양립할 수 없다고 판단한 몽테스키외는 온화한 상업과 군주정의 결합 속에서 이상적인 정체를 발견하고자 했다. 군주정의 정념인 명예가 이해관계를 추구하는 탐욕을 제어할 수 있다고 본 것이다.

> 야심은 공화정체에 해롭지만, 군주정체에는 좋은 결과를 가져다 준다. 그것은 군주정체에 활력을 준다. 군주정체에서는 야심이 끊임없이 억제될 수 있으므로 위험하지 않다는 이점이 있다. (……) **명예**는 정치 집단의 모든 부분을 움직이게 하고, 그 작용 자체에 의해 이 부분들을 결합시킨다. 그리하여 **각자는 자신의 사적인 이익을 좇고 있다고 믿으면서 공동의 선을 향하게 된다.**[18]

---

18 샤를 드 몽테스키외, 진인혜 옮김, 『법의 정신 1』(나남, 2023), 72쪽 [3.7].

강조한 마지막 구절은 보이지 않는 손의 정치적 버전이라 할 만하다. 야심과 탐욕이 공화정을 파괴할 수는 있지만 명예에 기반한 군주정을 파괴할 수 없다. 명예는 오히려 야심과 탐욕을 인도한다. 군주정에서 명예는 개인적인 정념이자 정치공동체를 묶어 내는 하나의 원리로 작동한다. 심지어 몽테스키외에게 명예는 정확히 '위선적인 명예'를 의미했는데, 그것은 위대한 일을 목적으로 삼는 명예는 그 수단이 무엇이든 정당화할 수 있었기 때문이었다. 예의조차 자신을 돋보이기 위한 욕구에서 비롯되는 것이며, 특히 궁정에서의 태도는 "꾸며 낸 위엄"을 통해 이루어진다.[19] 이러한 과시적 면모 덕분에 개인의 탐욕은 공공선과 연결될 수 있다.

군주는 과시의 참조점

우리의 논의에서 흥미로운 것은 외양을 꾸미는 주체가 마키아벨리적 군주가 아니라 군주 주변에 모여 있는 귀족들이라는 사실이다. 군주의 역할은 궁정에서의 삶을 과시적으로 이끄는 참조점이 된다.

19   위의 책, 82쪽 [4.2].

군주정체의 궁정에는 예의가 정착되어 있다. **지나치게 위대한 한 사람은 다른 모든 사람을 보잘것없게 만든다.** 그로 인해 [다른] 모든 사람에게 경의를 표해야 하므로 예의를 지키게 된다. 그 예의는 예의 바른 사람이나 예의 바른 대접을 받는 사람이나 다 같이 기분 좋게 만들어 준다. 예의를 통해 자신이 궁정에 속한 사람이라는 것 또는 그럴 만한 사람이라는 것을 깨닫게 되기 때문이다.[20]

말하자면 이제 군주는 중개인이 된다. 그리고 여기서 말하는 궁정에 속한 사람의 예의란 다른 모든 사람을 대상으로 한다는 점에서 베블런이 말한 지배-예속 관계를 의미한다기보다 어느 정도 동등한 상호작용의 형태를 띤다. 물론 이것은 고프먼이 전제한 것처럼 타인과의 의존적 협력 속에서 비롯되는 동등성은 아니다. 오히려 군주라는 압도적 존재를 중심으로 성립된 동등성이다.

군주의 위엄을 기준으로 삼아 귀족들은 각자의 위상을 끊임없이 조율하고 연출해야만 한다. 다시 말해 군주는 단순한 지배자가 아니라 모두가 동등해지기 위해 끊임없이 참조해야 하는 기준점이며, 궁정 예의와 외양의 질서를 작동하게 만드는 상징적 중심이다. 군주가 더 위대할수록 다른 모든 사람들의

20   위의 책, 81~82쪽 [4.2].

동등성은 더욱 선명해지고 연출은 자연스러울 것이다. 이처럼 몽테스키외는 과시적 인간들이 공존하기 위해서는 과시적 국가가 필요하다는 것을 보여 준다. 조금 비관적으로 보자면, 상징적 중심이 부재한다면 과시적 인간들 사이의 공존은 본질적으로 불가능할지 모른다는 인식이 드러난다.

몽테스키외의 해법은 미묘한 내전상태를 살고 있는 오늘날 우리에게 충분한 대답이 되지 않을 것 같다. 군주정에서 귀족의 역할에 기대는 구상은 민주주의 사회에 제한적으로만 적용될 수 있기 때문이다. 더욱이 자본주의 질서는 몽테스키외가 예상한 것보다 훨씬 더 깊고 광범위하게 사회 전반에 새로운 정념을 불러일으켰다. 그것은 다름 아닌 불안이다. 허시먼은 애덤 스미스를 정념에 대한 이해관계의 승리를 보여 주는 대표적 사상가로 해석했지만, 이어지는 장에서 바로 그 스미스와 더불어 막스 베버에게서 자본주의가 촉발하는 불안의 징후를 읽어 보려고 한다. 그리고 이 불안이 다시금, 그러나 이제는 민주주의에 걸맞는 과시적 국가로 우리를 안내할 것이다.

3장　과시의 실패, 음모론의 시작

"백악관을 점거한 백인 노동자들이나
서부지법의 담장을 넘은 남성들은
단순한 음모론자만은 아니다.
운명의 수레바퀴 위에 올라선 자들이며
타인들의 시선 속에서 인정을 갈구하는 사람들이다.
탈출구 없는 지위경쟁을 지속하는 한 누구나
새로운 신의 대행자들이 될 수 있다."

탈진실 정치는 세계가 '어떠해야 하는지'가 아니라, 세계가 '무엇인지'를 두고 다툰다. 진실은 사실보다 믿음의 문제가 된다. 트럼프 극장에 참여한 행위자들은 선거가 조작되지 않았다면 트럼프가 당선되었을 거라고 믿었다. 마찬가지로 백신의 효능이나 기후위기 같은 주제가 정치화되면 지속 가능한 삶을 위해서 우리가 무엇을 해야 하는가라는 과제에 이르기 전에 그것이 사실인지 아닌지에 대한 갈등의 단계를 벗어나지 못한다.

미국 공화당의 트럼프주의를 떠받치고 있는 백인 노동자 계층은 정부가 '보이지 않는 국가(deep state)'에 의해 잠식당했다고 믿는 경향이 크다. 반엘리트주의 담론의 일부로서 이러한 음모론은 국가가 더 이상 평범한 시민들을 위해 일하지 않는다는 불만을 반영하는 동시에, 객관적 진실에 대한 합의가 더 이상 가능하지 않다는 것을 보여 준다. 보이지 않는 국가가 있는지 어떻게 알 수 있는가? 그것은 보이지 않으므로 믿는 이들의 마음 상태에 의존하기 마련이다.

비단 미국만의 문제는 아니다. 2025년 1월 19일 새벽 3시경, 일단의 사람들이 서울 서부지방법원 담장을 넘었다. 대부분 20~30대 남성으로 밝혀진 이들 시위대는 윤석열 대통령에 대한 구속영장이 발부되자 법원에 대한 물리적 폭력을 감행했다. 그들은 영장실질심사를 담당한 판사를 직접 찾아다닌 것으로 알려졌다. 자신들이 지지하는 정치인에 대한 구속이 부당하다고 느낄 수 있지만, 이들은 그 부당함을 법 질서 안에서 호소하려는 인내심을 갖고 있지 않았다. 그들이 자신들의 폭력 행위를 저항권이라고 주장할 때, 그들의 마음속에는 대한민국 정부가 이미 보이지 않는 국가에 포획된 상태와 다름없었다.

어떤 정치학자들은 '백인', '기독교', '노동자', '젊은 남자'들이 주도하고 있는 극단적 혹은 급진적 우파 운동의 기저에도 정체성 정치가 작동한다고 지적한다.[1] 하지만 오늘날 여성 운동가들은 과거 선배들이 참정권 획득을 위해 런던 시내에서 폭탄을 터뜨렸던 것과 달리 정부를 물리적으로 공격하지 않는다. 성소수자들 역시 자신들의 권리를 인정해 주지 않는다고 법원을 습격하지 않는다. 그런 점에서 정부에 대한 물리적 폭력을 서슴지 않는 운동들에는 단순히 정체성 정치의 차원을

---

1 자유민주주의에 적대적인 우파 운동을 극단적/급진적 두 유형으로 구분하는 대표적인 학자인 카스 무데에 따르면, '극단 우익'은 민주주의의 본질인 국민 주권의 원리와 다수 통치를 거부하는 반면, '급진 우익'은 민주주의의 본질은 수용하면서도 법치나 권력 분립, 소수의 권리와 같은 개념에 반대한다. 무데, 앞의 책, 13~14쪽.

넘어서는 지점이 있다. 내가 속한 집단이 무시당했으며 이 소외의 감정을 외부에서 완전히 이해받을 수 없다고 여기는 정체성 정치는, 언제 나를 중심으로 돌아가는 세계를 주장하는 데 이르는 것일까? 인간은 언제 객관적 질서를 거부하고 각자의 마음 상태에 의존하게 되는 것일까? 아니면 조금 더 웅장한 형태로 이렇게 물어볼 수도 있겠다. 사람들은 언제 신에게 호소하게 되는 걸까?

현대사회의 지위불안

현대 심리학은 극단적 정치 운동이 음모론을 수용하게 되는 배경에 복합적인 이유가 있다고 지적한다. 이들 연구에 따르면, 사람들은 불확실한 상황을 이해하고 의미를 찾거나 세상에 대한 통제력과 자신의 안전을 확보하려고, 또는 자아에 대한 긍정적인 이미지를 유지하려고 음모론에 빠져든다.[2] 특히 나(우리)는 위대하지만 외부에서 이를 인정해 주지 않는다고 여기는 자기애적 성향이 강할수록 음모론에 대한 수용력은 높아진다. 자신들의 낮은 지위에 대한 책임을 외부에 전가

2   Karen M. Douglas, Robbie M. Sutton, and Aleksandra Cichocka, "The Psychology of Conspiracy Theories," *Current Directions in Psychological Science* 26, no. 6(2017), pp.538~542.

하는 것이다. 이처럼 음모론은 단순히 인식의 오류가 아니라 사회적 존재로서 인간이 지닌 지위불안과 밀접하게 연결되어 있다.

프랜시스 후쿠야마는 『존중받지 못하는 자들을 위한 정치학』에서 좌우파 양 진영이 전통적인 계급 문제 대신에 '인정'을 중심으로 하는 정체성 정치에 몰두하고 있다고 비판하면서, 인간이 가진 물질적 이득에 대한 욕구와 존엄에 대한 욕구를 모두 고려해야 한다고 지적했다. 또한 후쿠야마는 이 두 욕구가 상호작용한다고 보면서도, 정체성 정치에는 물질적 이득에 대한 욕구로 설명할 수 없는 존엄의 문제가 있다고 주장했다.

그런데 현대 심리학의 최근 성과는 대안적 믿음을 통해 폭력을 정당화하는 마음 상태에 경제적 차원과 문화적 차원이 명확히 분리될 수 없다는 것을 보여 준다. 여성보다 남성이 더 차별당하고 있다고 느끼는 '남성 피해자 담론'을 수용하는 사람들의 마음 상태에서도 두 차원은 연결되어 있다. 한국 남성을 대상으로 한 실증 연구에 따르면, 실제 경제적 어려움을 느낄 때가 아니라 자신의 지위가 부모 세대보다 하향 이동했다고 인식하는 남성일수록 이 담론을 수용할 가능성이 높다. 반대로 전통적인 특권을 가지고 있지 않았던 여성에게는 이러한 경향성이 나타나지 않는다.[3] 이는 지위 하락이라는 감각이 대

<hr>

3   Joeun Kim, "Male Victimhood Ideology Among Korean Men: Is It

안적 믿음으로 이어지는 메커니즘을 암시한다.

하지만 지위불안과 대안적 믿음의 관련성은 특정 집단만의 문제도 아니고, 새로운 현상도 아니다. 근대적 상업사회가 출현하고 자본주의가 발전함에 따라 전통적인 귀속지위는 점차 불안정해졌고, 지위의 불확실성은 근대인의 삶 전체를 관통하는 조건이 되었다. 원거리 무역의 발달과 초기 자본주의적 생산양식의 등장은 사회에 전례 없는 부를 창출했고, 동시에 귀속적 지위를 특징으로 하는 중세 질서의 해체를 초래했다. 이로써 각자는 더 이상 관습적으로 정해진 지위를 부여받는 것이 아니라, 각자의 지위를 스스로 증명해야 하는 시대를 맞이했다.

근대사회는 이처럼 가시성의 세계로 재편되었다. 이는 루소와 홉스가 목격했던 사회의 풍경이자, 그들이 미묘하고 사소한 내전을 감지했던 맥락이기도 하다. 마키아벨리가 외양의 정치를 설파하고 근대국가가 거짓말 게임으로 구성되기 시작한 것도 이러한 배경 속에서였다.

근대인은 불확실한 세계 속에서 자기 존재를 입증하려는 욕망을 품어 왔고, 그 욕망은 때때로 사실을 대체하는 믿음의 형태로 작동했다. 자본주의 질서 안에서 이러한 심리적 구조

Economic Hardship or Perceived Status Decline?," *Sex Roles* 91, no. 11 (2025).

를 가장 예리하게 포착한 사상가가 바로 애덤 스미스와 막스 베버다. 두 사람은 서로 다른 지점에서 자본이 중심이 되어 가는 질서를 사유했지만, 공통적으로 그 질서에 내재한 가시성의 압력의 중요성을 보여 준다. 타인의 시선에 의해 존재가 증명되는 세계에서 인간은 지위불안을 극복하기 위해 자신의 마음 상태에 의존하며 믿음을 재구성하려는 경향을 보인다. 문제는 이러한 믿음이 가시성의 문제를 해소하기보다는 오히려 그 세계의 탈출구 없음을 더욱 선명히 드러낸다는 점이다. 그렇다면 가시성으로 조직된 자본의 세계에서 지위불안은 어떻게 대안적 믿음과 연결될까? 근대사회의 불안을 누구보다 예민하게 인식했던 사상가들을 통해 오늘날 우리가 대안적 믿음에 빨려 들어가는 메커니즘을 찾을 수 있다.

타인의 시선 속에 갇힌 세계

애덤 스미스는 시장경제가 보이지 않는 손을 통해 움직인다고 주장한 것으로 유명한 인물이다. 동시에 누구보다도 '보는 것'과 '보이는 것'이라는 시선의 문제에 몰두했던 사상가다. 경제학자로서 그는 자본주의적 인간의 이기심이 사회 전체의 부를 증진하는 데에 기여할 수 있다고 보았다. 고전파 경제학의 창립자로도 평가되는 그는 서부지방법원의 담장을 넘은 한국의

80

젊은 남성들에게 어떤 조언을 했을까? 국가의 역할은 제한적이므로 정치 따위에 관심을 끊고 시장경제에 성실히 참여해서 부를 쌓으라고?

이제 막 출현한 상업사회의 도덕적 성격에도 깊은 관심을 기울였던 도덕철학자로서 스미스는 인간이 단순히 이기심만이 아니라 타인에 대한 연민 혹은 동정심을 가진 존재라고 보았다. 인간은 타인의 기쁨과 고통을 보고 그들의 입장을 상상함으로써 유사한 감정을 느낄 수 있으며, 심지어 법을 가장 지독하게 어기는 흉악한 범죄자조차 동정심을 결여하고 있지 않다.[4]

동정심을 설명하면서 스미스는 사람들이 타인의 기쁨이나 고통에 공감할 때 타인이 처한 상황을 '본다'는 사실에 주목하며 반복적으로 '본다'는 표현을 쓰고 있다. 보는 행위를 통해 타인에게 공감하는 이유는 당사자의 의도와 상관없는 행운과 불운의 결과를 보기 때문이기도 하다. 스미스가 전제한 세계는 인간이 통제할 수 없는 불확실성으로 가득하고, 서로가 끊임없이 서로를 바라보는 사회다.

거짓말 게임의 창시자 마키아벨리 역시 이와 같은 방식으로 새로운 사회를 이해했다. 무엇보다도 그의 시대는 누구나 군주가 될 수 있는 가능성의 시기였기 때문이다. 문화사가 야

---

4   Adam Smith, *The Theory of Moral Sentiments*(Penguin Books, 2009), pp.13~15.

콥 부르크하르트는 마키아벨리가 활동했던 시기를 '서자들의 시대(the age of bastards)'로 명명했는데, 적통(嫡統)을 누르고 올라서는 서자들의 시대정신은 마키아벨리 시대부터 애덤 스미스의 시대까지 이어져 왔다.

16세기 중반부터 17세기 중반에 이르는 '인플레이션의 시대'에 농산물 가격은 폭등했고 토지 임대료는 급격히 상승했다. 반대로 실질 소득은 하락했다. "1580년에 태어난 노동자의 실질 소득은 그의 증조부가 누렸던 것의 절반을 결코 넘지 못했다."[5] 전통적 사회로부터 자유롭게 된 개인들은 더 이상 단단한 지표에 발을 딛고 선 존재가 아니었다. 혁신의 시대는 불안의 시대였다.

누구보다도 이 시대의 공기에 예민하게 반응한 마키아벨리는 이 불안을 '포르투나(fortuna)'라는 개념으로 포착했다. 포르투나는 행운과 불운, 또는 운명을 의미했다. 마키아벨리가 핵심적인 개념으로 사용하기 이전부터, 포르투나는 남성적인 능력과 덕을 가리키는 '비르투(virtù)'와 대비되어 운명의 여신에 비유되었다. 특히 포르투나의 상징은 수레바퀴로 인간이 수레바퀴 위에서 권력과 명예로 올라섰다가 예측할 수 없거나 스스로 통제할 수 없는 변화에 의해 갑자기 추락하는 이미지

5 　Christopher Hill, *A Century of Revolution, 1603-1714*(1961; New York: W. W. Norton, 1980), p.18.

를 반영했다.[6] 마키아벨리 역시 포르투나를 언급할 때면 타인의 의지와 행운이라는 단어를 함께 사용하면서 인간의 지위가 유동적인 불안정성에 놓여 있다는 사실을 강조했다. 스미스는 마키아벨리의 통찰을 상업사회의 근본 조건으로 받아들여, 포르투나가 야기하는 불안과 시선의 문제를 이렇게 연결시켰다.

우리가 부를 추구하고 가난을 피하려는 것도 주로 이러한 타인의 시선과 감정에 대한 의식에서 비롯된다. (……) 서로 다른 지위에 있는 모든 사람들에게서 나타나는 경쟁심은 어디에서 생기는 것인가? 그리고 소위 자신의 지위 개선이라고 하는 인생의 거대한 목적을 추구하는 것은 어떤 이익이 있어서인가? **주목받고, 관심을 받고, 공감과 호의, 인정 속에서 존재하기**, 바로 그것이 우리가 그러한 삶을 통해서 얻고자 하는 이익이다. 우리의 관심을 끄는 것은 안락이나 즐거움이 아니라 허영이다. (……) 아무도 우리를 알아채지 못한다고 느끼는 것은

6   정치사상사가 존 포콕은 플라톤뿐만 아니라 보에티우스가 포르투나를 사용한 방식에 주목하면서 바로 이 감각적 환상의 세계가 인간이 서로 관계 맺고 살아가는 정치적 세계라는 점을 강조한다. J. G. A. Pocock, *The Machiavellian moment: Florentine political thought and the Atlantic republican tradition*(Princeton University Press, 2016). 포콕은 이미지와 실재의 대비를 세속적 시간과 신학적 영원의 대비를 통해 시간성의 문제로 이해한다. 포콕에 따르면, 포르투나는 인간의 감각과 욕망에 의해 만들어진 이미지들의 세계, 즉 플라톤의 현상계와도 밀접한 관련이 있었다. 나는 포르투나가 정치적 세계에서 이미지의 중요성을 환기한다는 데에 보다 큰 중요성이 있다고 생각한다.

인간 본연의 가장 즐거운 희망을 꺾고 가장 강렬한 욕망을 좌절시키는 일이다.[7]

스미스의 관점에 따르면, 삶의 편의를 증진시키기 위해서 부를 추구하는 것이 아니다. 인간이 물질적 이득을 추구하는 것은 행운과 불운으로 가득한 가시성의 세계에서 인정과 공감을 받고 싶어 하기 때문이다. 사회경제적 지위가 하락하고 있다는 불안은 나의 존재가 가시성의 세계에서 점차 도덕적이고 실존적인 중요성을 잃어 가고 있다는 사실을 의미한다. 포르투나에 대항하는 힘은 내가 아니라 타인들의 인정에서 나온다. 인간은 상호주관적인 시선의 세계에 갇혀 있다.

물론 스미스가 인간이 타인의 평가에만 의존한다고 본 것은 아니었다. 누구나 내면의 양심을 가지고 있고, 양심을 통해 무엇이 옳고 그른지에 대한 내적 기준을 확립할 수 있다. 인간이 조금 더 현명할 수 있다면, 타인에 대한 공감 행위를 반복적으로 수행함으로써 내 마음속에 '공평한 관찰자'를 둘 수도 있다. 이때 공평한 관찰자는 타인의 시선과 내면의 양심을 연결하는 가상의 존재다. 마치 다른 사람들의 행동을 보는 것처럼 자신의 행동을 내면에서 보는 것이다. 이를 통해 주관적 편견에 사로잡히지 않고 누군가를 칭찬하고 비난하듯이 자신만의

7   Smith, op. cit., p.63.

도덕적 기준을 확립할 수 있게 된다. 공평한 관찰자는 스미스가 자신의 도덕철학을 시선을 통해 구성하려 했음이 잘 드러나는 관념이기도 하다.

하지만 스미스의 세계는 행운과 불운으로 가득찬 불확실한 곳임을 기억하자. 이 세계에선 타인을 속이려고 한 거짓말이 좋은 결과를 야기할 수 있고 정직한 행동이 도리어 나쁜 결과를 초래할 수도 있다. 그렇다면 공평한 관찰자의 시선과 타인의 시선이 언제나 일치하지는 않을 것이다. 자신의 도덕철학이 지닌 이와 같은 긴장에 대해 스미스는 "세상이 의도가 아니라 결과에 따라 판단한다는 사실은 모든 시대에 반복되어 온 불평이며 덕성의 실천을 가장 크게 방해하는 원인이다."라고 고백했다.[8]

연약한 인간의 믿을 구석

스미스는 이 도덕적 긴장을 해결하기 위해 어떻게 했을까? 그는 우선 인간의 도덕적 능력을 구분했다. 한편에 공평한 관찰자의 시선에 부응하는 '현명한 사람'이 있고, 다른 한편엔 타인의 시선에 취약한 '연약한 사람'이 있다. 스미스는 여기서 현명

8   Ibid., p.125.

함과 아둔함을 대비시키는 대신 현명함과 연약함을 대비시킴으로써 인간의 도덕적 능력이 내면과 외양의 경계에서 결정되는 문제임을 환기한다. 현명한 사람은 개인의 행복이 부의 크기에 달려 있지 않다는 사실을 알고 있다. 연약한 사람은 불안을 잠재우려 부를 추구하지만, 이는 타인이 만든 욕망을 좇는 일종의 자기기만에 불과하다.

그런데 그의 경제학은 바로 연약한 사람의 허영심에 기초하고 있기도 하다. 이러한 맥락에서 흔히 '스미스 문제(Smith Problem)'라고 알려진 도덕철학과 경제학 사이의 모순이 발생한다.[9] 타인에 대한 공감과 양심을 중요하게 여기는 도덕철학과 이기심과 허영을 강조하는 경제학 사이의 모순이다. 어쩌면 이 모순은 근대적 상업사회 자체가 점차 가시성의 세계로 재편되고 있음을 방증하는 것은 아닐까? 우리가 타인의 감정에 공감할 수 있는 이유가 바로 타인의 시선에 묶여 있기 때문이라면, 가시성은 인간의 윤리적 측면과 경제적 측면을 아우르는 근본 조건이 된다. 따라서 공감하는 인간은 이기적으로 부를

9   스미스는 연약한 인간의 이기심이 보이지 않는 손을 통해 사회 전체 부의 증진에 기여한다고 보았지만, 이러한 인간들의 경쟁이 파국으로 치닫지 않을 방법에 대해서는 명확한 답을 제공하지 않는다. 『도덕감정론』의 한 구절(제4부 1장)에서 스미스는 냉혹한 지주조차도 사치품을 독점할 수는 있어도 생필품을 혼자 소비할 수는 없으므로, 소비의 분배가 자연스럽게 일어날 것이라고 지적하고 있다. 도메 다쿠오, 우경봉 옮김, 『지금 애덤 스미스를 다시 읽는다』(동아시아, 2010), 90~93쪽. 하지만 어떻게 사회적 평판에 예민한 사람들이 갑자기 '현명한 사람'이 되어서 생필품의 분배에 만족할 수 있을까?

추구하는 인간과 공존할 수 있다. 연약한 존재로서 인간은 타인의 고통을 볼 수 있지만, 바로 똑같은 기준에서 내 고통을 타인에게 보일 수 있는 부를 추구해야만 하는 숙명에 놓여 있다.

스미스는 이처럼 도덕적 능력이 차별화된다고 보면서도, 가시성의 압력이 지닌 취약성을 예리하게 포착했다. 내면의 공평한 관찰자의 시선과 외부의 관찰자들의 시선이 불일치할 때, 인간은 마지막으로 신의 눈앞에서 자신을 호소하게 된다.

내면의 사람조차 때로는 **외면의 사람**의 격렬함과 떠들썩함에 의해 당황하고 압도당하는 것처럼 보인다. 외부로부터 우리에게 쏟아지는 과격한 큰소리의 비난은 우리가 가지고 있는 '칭찬받을 만함'과 '비난받을 만함'에 대한 자연스러운 감각을 마비시키고 무디게 만든다. (……) 이러한 경우에, 상처받고 낙담한 인간이 얻을 수 있는 유일하고 실질적인 위안은 **더 높은 재판소**에 호소하는 데에 있다. 그 재판관은 **세상을 모두 꿰뚫어보는 심판자**이며, 그분의 눈은 절대 속을 수 없고, 그분의 판단은 결코 왜곡될 수 없다. 바로 이 위대한 재판관의 흔들림 없는 정의로움을 굳게 믿는 것, 언젠가는 자신의 결백이 밝혀지고, 자신의 덕이 마침내 보상을 받을 것이라는 희망, 그 믿음만이, 약해지고 낙심한 마음을, 놀라고 혼란에 빠진 내면의 자아를 붙들어 줄 수 있는 힘이 된다. 이렇듯 우리의 현세적 행복은 많은 경우 내세에 대한 겸허한 희망과 기대에 의존

한다.[10]

이 구절에서 스미스는 내세에 존재하는 신의 재판소조차
도 일종의 가시성의 성격을 지닌 장소임을 암시하면서 근대사
회가 지닌 특징을 전면화한다.

내세조차도 어쩌면 평판이 중요한 장소일지 모른다. 하지
만 그곳은 타인의 진정한 덕성을 보지 못하고 가시적인 부만
을 보는 사람들이 아니라, 편견으로부터 자유로운 신이 존재하
는 장소다. 인간은 그러한 장소를 상상하고 믿음으로써, 내면
의 관찰자와 외부의 관찰자가 불일치하는 혼란에서 벗어날 수
있다. 사람들은 지위를 인정받기 위해, 혹은 그러지 못한 데서
오는 불안을 달래기 위해 믿음에 의존한다. 이어지는 감동적인
구절에서 스미스는 현세에서 자신을 드러낼 기회를 갖지 못한
불운한 이들이 내세에 이르러서는 그들의 도덕적이고 지적인
자질에 알맞은 동등한 지위를 얻게 될 것이라고 말한다. 어쩌
면 스미스는 자신의 가치를 외부로부터 인정받지 못하는 사람
들의 심리적 좌절감을 깊이 이해하고 있었으며, 그것이 종교적
겸손의 형태로 순치되길 바랐는지 모른다.

하지만 자기 내면을 성찰할 능력을 갖추지 못한 연약한
사람은, 자기 자신에 대한 왜곡된 평가를 곧바로 '세상을 모두

10   Smith, op. cit., pp.153~154.

꿰뚫어보는 심판자'의 시선과 동일시할 위험이 있지 않을까? 재력을 토대로 한 경제적 지위와 인정에 근거한 도덕적 지위가 뒤섞인 스미스적 세계가 보여 주는 것은, 사회경제적 지위의 하락이야말로 윤리적 판단력을 극단적이고 주관적인 믿음과 연결시킬 수 있는 가장 강력한 요소라는 점이다. 이는 과시적 인간이 과시에 실패할 때 그 수치심을 대안적 믿음과 대행 과시를 통해 해소하려 한다는 2장의 이야기와도 연결된다. 작은 트럼프들 이야기다. 인간이 여전히 '연약한 사람'으로 남아 있다면, 이 수치심은 '신의 재판소'가 아니라 타인의 시선 속에 존재하는 감정이 된다. 연약한 사람이 현명한 사람이 되기 힘든 것처럼, 연약한 사람이 내세에 대한 겸허한 희망에만 의존하긴 어려울 것이다.

스미스의 도덕철학이 지닌 이런 난점을 통해 볼 때, 사회경제적 지위가 추락한 집단은 다른 형태의 정체성 훼손을 경험하는 집단보다 더 폭력적 행태로 치닫기 쉽다. 기독교 국가로서의 정체성을 찾으려는 미국 우파의 행동 밑바탕에도 사회경제적 지위 하락과 과시의 실패라는 문제가 놓여 있다. 이렇듯 신에 의존하는 연약한 마음은 자기애가 막다른 길목에서 객관적 질서를 거부하게 되는 경로를 시사한다.

근면성실한 노동자, 자본가의 탄생

근대 경제학의 아버지가 자본주의 질서에 내재한 이와 같은 모순과 불안을 완벽히 제어하려고 하지 않았던 것은 의미심장해 보인다. 스미스와 달리 자본주의에서 정말로 현명한 정신이 가능하다고 본 사상가가 있었는데, 바로 타인의 시선 따윈 아랑곳하지 않을 것만 같은 위대한 사회학자 막스 베버다. 베버는 과시의 실패에서 비롯되는 신에 대한 호소를 중지시킬 수 있을까?

베버는 근대적 시대정신을 합리성으로 이해한 사상가였으므로 그럴 가능성이 있어 보인다. 그런데 베버가 근대성과 거의 동의어로 간주한 합리성을 이해한 방식에는 조금 남다른 면이 있다. 그에 따르면, 근대사회란 종교적 주술로부터 탈피한 세계다. 신에게 호소하지 않는 사람들이야말로 합리적인 근대인인 것이다. 이들은 언제나 계산기를 두드리고 목적에 부합하는 가장 효율적인 수단을 찾아낸다. 베버적 인간은 매일을 30분 단위로 쪼개서 사는 근면성실한 직업인에 가깝다.

베버는 이러한 합리성이 사회의 모든 제도와 삶을 지배하는 현상을 결코 긍정적으로만 바라보지 않았다. 그는 기계처럼 작동하는 합리성의 세계를, 인간이 벗어날 수 없는 '쇠우리(Iron Cage)'에 갇힌 삶에 비유했다. 그의 우려대로 사회가 정말 쇠우리와 같다면 타인의 시선 속에서 실망하고 좌절하는 일은 없을 것 같다. 스미스가 연약한 사람의 허영심을 자본주의의 원동력으로 삼으면서도 도덕적 지혜의 가능성을 포기하지 않았던 것처럼, 베버 역시 자본주의를 철창 같은 체제로 이해하면서도 그 기원이 신성한 종교적 토대에 있음을 보여 주고 싶어 했다. 다만 그는 자본주의의 종교적 기원 자체가 과시의 일종이라는 사실을 눈치채지는 못했다.

베버는 자본주의를 단순히 이윤과 화폐를 추구하는 행위가 아니라 화폐적 수단을 통한 계산 가능성, 즉 합리성에 기반해 이윤을 추구하는 독특한 활동으로 이해했다.[11] 하지만 그는 인간이 본래부터 이윤을 추구하는 존재가 아니며, 그저 "자신이 살아온 대로 살고 그에 필요한 만큼만 벌려고" 하는 존재라고 보았다.[12] 그렇다면 본성상 경제적 존재가 아닌 인간이 어떻게 자본주의를 탄생시킬 수 있었을까? 베버는 이러한 전환을 일종의 윤리적 변화로 해석했으며, 그 변화가 일어난 무대는 다름 아닌 기독교였다.

베버는 당면한 생존에 몰두하던 인간이 합리성으로 무장한 근면성실한 노동자와 자본가가 될 수 있었던 배경에는 종교적 불안이 있다고 주장했다. 종교개혁이 촉발한 기독교 공동체의 와해 속에서 개인이 스스로 구원받았는지 확신할 수 없

---

11   막스 베버, 박성수 옮김, 『프로테스탄트 윤리와 자본주의 정신』(문예출판사, 2023), 18쪽.
12   위의 책, 53쪽.

는 상황이 초래되었던 것이다. 말하자면 종교적 지위불안이었다. 스미스가 가시성의 세계에서 인간이 직면하는 사회경제적 지위불안에 주목했다면, 베버는 오히려 신의 재판소 앞에서 우리가 언제나 환영받지 못한 존재일 수 있다고 보았던 것이다. 베버는 이 불안의 논리 구조를 칼뱅의 예정설에서 찾았다.

베버의 해석에 따르면, 칼뱅의 예정설은 기독교 세계에서 고독한 개인의 불안을 야기한 근본 원인이다. 예정설은 내세에서의 구원이 오직 신의 예정에 의해 '이미' 결정되어 있다는 논리이기 때문이다. 누가 천국에 갈지, 혹은 지옥에 갈지는 바로 신의 예정에 따른 결과이므로, 인간은 더 이상 그 어떤 방법으로도 신이 정해 놓은 계획을 바꿀 수 없다. 인간의 의지와 이해를 초월한 절대적 존재로 신을 상정한 칼뱅의 신학은 오히려 신과 피조물 사이의 메워질 수 없는 단절을 야기했던 것이다. 이로 인해 인간은 "전대미문의 개인적인 내적 고립감"에 휩싸이게 되었다.[13] 교회도 이제 이 단절을 메워 줄 수 없었고, 구원은 지극히 개인의 문제가 되었다.

이러한 불안 속에서 베버적 근대인들은 어떻게 행동할 수 있었을까? 종교적 미몽에서 벗어나 인간의 자유의지를 주창할 수도 있었겠지만, 그들은 신이 나를 구원했다는 근거를 이 땅에서 찾고 싶어 했다. 자신이 구원이 예정된 것이라는 확실한

13   위의 책, 95~96쪽.

표식을 찾아 나선 것이다.

　베버는 이 과정에서 세속적인 삶을 일관된 방식으로 체계화하는 합리주의가 태동했다고 진단한다. 자본에서 불어나는 이윤이야말로 신의 예정된 표식이 되었다. 영원한 구원이라는 내세에서의 지위가 불안정해지자 사람들은 그 불안을 잠재우고자 현세를 더욱 열심히, 그것도 체계적으로 살았다는 것이다. 과거 유대인에게만 제한적으로 허용되던 영리 추구 행위가 이제 기독교인의 정당한, 그것도 칭찬할 만한 활동이 되었다. 여기에 신의 섭리로서 직업을 부여받았다는 루터의 소명 개념이 결합되자, 프로테스탄트적인 자본주의자는 "화폐 취득을 인간의 의무적인 자기목적, 즉 직업적 소명"으로 여기는 존재로 탄생하게 되었다.[14] 이러한 과정을 통해 청교도의 윤리는 곧 자본주의 정신이 될 수 있었다.

끝없는 노동과 끊이지 않는 불안

주변의 시선을 의식하지 않고 검약한 생활 속에서 자신의 직업에 충실한 노동계급과, 사치를 부리지 않고 부를 축적하는 데에 매진하는 근면한 자본가의 모습을 상상해 보라. 주변 평

14　위의 책, 65쪽.

판에 의존하는 과시적 인간과는 다른 삶을 사는 존재들 같다. 하지만 이들의 근면성실과 자본 축적의 결과는 언제쯤 종교적 불안을 잠식시키는 수준이 될 수 있을까? 더 나아가, 인상된 연봉과 불어난 주식 계좌가 내가 신의 선택을 받았다는 증거임을 어떻게 확신할 수 있을까? 자본 축적이 불안에 기초해 있다면, 게다가 무조건 성실하게 수행되어야 할 일종의 직업이라면, 이는 돈을 차지하려는 무한 경쟁을 촉발하지는 않을까? 자본주의적 활동이 중세 수도사들의 고행과 질적으로 같을 때, 그것은 결국 이 땅에서 종결될 수 없을 것이다.

이처럼 근면성실은 운명의 수레바퀴를 멈출 수 없다. 타인의 시선으로부터 야기되는 스미스의 사회경제적 불안이 현세에서 도피처를 발견할 수 없었듯이, 베버의 종교적 불안 역시 끝내 종결될 수 없다.

베버 역시 이러한 문제를 인지하고 있었던 것 같다. 그는 근대사회의 세속화가 심화될수록 자본주의 정신이 그 종교적 기원, 즉 근면성실한 이윤 추구가 구원을 담보한다는 약속을 망각한다는 문제의식을 가지고 있었다. 자본주의는 하나의 기계가 되었다. 베버의 표현을 빌리자면, 청교도는 윤리적 개심을 통해 직업인이기를 갈망했지만, 우리는 그저 태어나면서부터 직업인일 수밖에 없는 존재가 되어 버렸다. 금욕과 절제를 잃은 자본주의적 경쟁과 탐욕을 목격한 베버는, 자본주의가 지닌 합리성이 단순히 이해관계만을 계산하는 도구적인 합리성이 아니라, 어떤 정신을 지닌 합리성이길 바랐다. '쇠우리'로서 자본주의를 극복하기 위해서였다. 자본주의 정신은 자본주의의 현실을 계도할 수 있는 세속화된 믿음의 성격을 지닌다. 베버의 논리를 따르자면, 이 정신을 잃은 자본주의는 과시적 성향으로 기운다. 스미스적 세계를 출현시키는 것이다.

베버는 분명 금욕과 절약을 바탕으로 화폐의 재투자에 몰두하는 자본주의의 정신을 모험가적 투기 행태나 벼락부자의 과시적 허세와 구별하고 있다. 베버의 눈에 베블런이 말한 과시적 인간, 즉 유한계급은 자본주의 정신을 상실한 자본가들과 다름없었을 것이다. 자본주의적 유한계급은 재력을 과시하기 위해 재산과 시간을 비생산적으로 낭비하는 계급이기 때문이다.[15] 앞서 설명한 대로, 이들은 생산적 노동을 비천하게 여긴다. 약탈 문화에서 노동은 약자거나 주인에게 복종하는 하인들의 몫이었기 때문이다. 말하자면 이들 유한계급은 가시성의 무대에 선 주인공들이다.

생활에는 부 외에도 **비교나 차별**에 관련되는 것이 존재한다. 가령 덕성, 육체적 능력, 지성, 예술적 능력 같은 것들 말이다. 이러한 능력의 비교가 오늘날 유행이다. 이러한 종류의 비교는 사실 금전 면의 비교와 너무나 밀접하게 연결되어 있어서

15   베블런, 앞의 책, 61쪽.

분리할 수 없다. 이는 지성, 예술적, 재능, 기능의 발현에 관하여 현재 행해지고 있는 평가 방식에도 특히 해당된다. 그래서 실제로는 재력의 차이에 불과하지만 지성이나 예술적 재능의 차이라고 해석되곤 한다.[16]

베블런의 이 글은 오두막집 앞이나 큰 나무 주위에 모여서 타인의 평가와 존경의 가치를 알게 된 루소적 개인들의 자본주의적 판본처럼 보인다. 도덕적 성격이 사라진 스미스의 세계이기도 하다. 타인의 시선 속에서 형성되는 존경의 본질에는 재력에 대한 비교와 차별이 있다는 것이다. 재력을 과시하여 평판을 얻기 위한 대표적인 수단이 시간을 비생산적으로 낭비하는 여가와 재화를 낭비하는 과시적 소비인 것이다.

이와 달리 정신으로 무장한 베버적 자본가들은 가시성의 세계에서의 평가와 존경을 완전히 단념한 존재들처럼 묘사된다. 자본주의 정신은 가시성의 세계의 '사소하지만 미묘한 내전'을 억제하는 효과가 있는 것처럼 보인다. 종교적 불안과 고립감에 휩싸인 사람들이 정말로 구원만을 위해서 돈을 버는 데에 몰두할 수 있다면, 서로의 노래 실력이나 얼굴 생김새, 옷의 형태나 재산에 따라 우월과 모멸의 내전이 벌어지지 않을 수도 있기 때문이다. 과연 그럴까?

16   위의 책, 109쪽.

과시로 흐르는 자본주의 정신

베버와 베블런이 자본가 계급을 이해한 방식의 차이에도 불구하고, 과시에 대한 베블런의 통찰은 자본주의 정신이 그 자체로 과시적 행태가 될 수 있음을 보여 준다. 문제는 종교성의 상실이 아니라 종교성 그 자체에 있다. 종교성 자체도 정신적 상태가 아니라 일종의 외양적 과시가 될 수 있기 때문이다.

베블런의 시각에서 보면, 베버적 자본가는 일종의 과시대행자들이다. 그들은 하인으로서 주인의 재력을 증명하는 존재들과 유사하다. 대행자의 평판이 피대행자의 평판으로 귀속되듯이, 청교도의 근면한 노동과 이윤 추구는 신의 영광을 드러낸다. 심지어 대행자에게는 비천한 노동도 새로운 가치를 지닐 수 있다는 베블런의 지적은, 노동에 대한 청교도의 윤리적 전환을 이해할 수 있는 실마리를 제공한다.

본래 유한계급에 적합한 일, 가령 정치, 전쟁, 사냥, 무기 장구의 관리같이 분명히 약탈적인 일로 분류될 수 있는 것은 고귀한 반면, 노동계급이 당연히 해야 할 일, 가령 수공업 등의 생산적 노동이나 피고용인의 봉사는 비천하다. 그런데 **매우 높은 지위의 사람들을 위해 행해지는 비천한 일은 매우 고귀한 것이 될 수 있다.** 가령 여왕의 시중을 드는 궁녀나 시녀, 왕의 마부나 수렵관 등의 일이 그렇다.[17]

신의 영광을 위해 수행되는 노동은 그것이 아무리 비천할지언정 고귀한 것이 될 수 있다. 게다가 근면성실한 노동과 이윤 추구를 목적으로 이루어지는 영리활동은 당장의 이익을 위해서가 아니라 신의 영광을 드러내기 위한 수단의 성격을 지닌다. 그래서 눈앞의 쾌락은 극도로 절제된다. 마치 성직자들이 입은 옷이 "고가이며 화려하지만 비기능적"인 이유와도 같다.[18] 비싸고 화려한 의상은 신의 평판을 드높이지만, 신을 대행하는 성직자는 낭비가 만들어 내는 평판의 수혜자가 되면 안 된다. 그래서 성직자의 의상은 비기능적이어야 한다. 말하자면 무겁고 불편해야 한다.

결국 자본주의 정신은 과시적 허세와 구별되지만 다른 의미에서 과시를 수행하고 있다는 해석이 가능하다. 베버가 포착한 종교적 지위불안 역시 어떤 종류의 가시성의 세계에 갇혀 있는 것이다.

엄격한 의미에서 베블런이 말하는 낭비는 베버가 배격하는 허세와는 다르다. 베블런은 낭비를 생산물이나 생활의 부적절한 소비를 나타내는 표현이 아니라, 생활이나 행복에 기여하지 않는다는 의미로 이해했다. 즉 재투자를 위한 자본 축적에만 매진하는 금욕적 자본가의 근면성실함도 어떤 점에서는 순

17   위의 책, 94쪽,
18   위의 책, 134쪽.

수하게 낭비적이다.

더 나아가 베블런은 베버적 자본가를 직접적으로 떠올릴 수 있는 대행자의 모습을 이렇게 묘사하기도 했다.

대행 여가를 행하며 정통의 주된 유한계급의 평판을 높이는 역할을 담당하는, **파생적인 준유한계급**이 생겨난다. 이러한 준유한계급은 일상 생활양식의 특징에 의해 본래의 유한계급과 구별된다. (……) 이에 대해 생산적 노동을 면제받은 피고용인 계급의 유한은 **어떤 의미에서는 주인에게 강요당한 연기**이고 통상의 유한처럼 주로 자기 자신의 쾌락을 향한 것이 아니다. 피고용인의 유한은 그 자신의 유한이 아닌 것이다. 그가 완전한 의미의 하인인 동시에 본래 유한계급의 하위층이 아닌 한, 그의 유한은 대체로 주인의 완벽한 생활을 증진하기 위한 **전문화된 직무라는 미명하에 행해지는 것이다.**[19]

직업은 이제 연기의 차원에서 이해된다. 베버적 자본가는 '파생적 준유한계급'으로서 화폐 취득을 직업적 소명으로 삼음으로써 자신이 구원될 것으로 (불안에 차) 확신하고 신의 평판을 높이는 역할을 담당하는 연기자인 것이다. 이들이 피고용인으로서 자신과 고용인(신)의 관계를 분명히 할 때, 즉 자

19   위의 책, 75쪽.

신의 자본 축적이 신의 영광을 드러내는 활동으로 받아들여질 때, 내세에서 자신의 구원이 예정되어 있다는 것을 과시할 수 있다.

또한 그것이 세속적인 활동인 한 고용인의 평판을 높인다는 것은 평판의 수용자를 상정한다는 점에서 가시성의 세계를 다시 출현시킨다. 신 앞에 선 고독한 개인은 다시금 연극 무대로 올라서야만 하는 것이다. 스미스가 마련했던 '신의 재판소'가 순수하게 신의 시선을 강조하는 무대였다면, 베버의 은폐된 대행과시는 오히려 세속적 관객들을 대상으로 이루어진다는 점에서 훨씬 과시적 인간상에 부합해 보인다.

베버는 강철 같은 자본주의의 발전과 더불어 그 정신의 쇠락을 목도하면서도, "이 엄청난 발전의 마지막에 전혀 새로운 예언자나 혹은 옛 정신과 이상의 강력한 부활이 있을지" 반문한다.[20] 이는 어쩌면 자본주의 사회에서 만연한 과시에 맞서, 과시에 실패한 이들이 보여 줄 응전을 의미하는 것은 아니었을까? 강철 같은 자본주의를 깨뜨릴 새로운 신의 대행자들은, 태어나면서 직업인이 될 수밖에 없는 세계에서 직업인이 되지 못하고 있는 이들일지 모른다.

20   위의 책, 170쪽.

탈출구 없는 지위경쟁과 음모론

스미스는 과시의 실패가 주관적 믿음으로 침잠할 것을 예견했고, 베버는 주관적 믿음이야말로 또 다른 과시로 이어질 수 있음을 은연중에 보여 주었다. 과시적 인간의 좌절은 마음의 안식처를 찾게 만들고, 그때 믿음은 다시금 가시적 형태를 지니게 된다. 스미스와 베버는 서로 반대 방향에서 출발했지만, 스미스가 가시성의 세계에서 종교로 도피하는 경로를, 베버는 종교적 믿음이 다시 과시의 세계로 투영되는 역진의 경로를 보여 준다는 점에서 결국 하나의 순환 구조를 형성한다. 두 사상가는 자본주의 질서 안에서 가시성의 문제가 어떻게 부각되는 동시에 해소되지 않은 채 반복되는지를 보여 준다.

가시성의 세계에서 지위를 잃은 이들은 세계를 다시금 자기만의 주관적 믿음에 따라 가시화하는 길을 택한다. 이는 곧 음모론이 내적 신념에 머무르지 않고 외양과 표현의 형태를 갖추게 됨을 뜻한다. 이처럼 음모론에 빠진 이들을 섣불리 비난할 수는 없다. 자본주의라는 운명의 지배로부터 진정 자유로운 사람은 없다는 점에서, 누구도 이러한 경로에서 벗어나기 어렵다. 백악관을 점거한 백인 노동자들이나 서부지법의 담장을 넘은 남성들은 단순한 음모론자만은 아니다. 운명의 수레바퀴 위에 올라선 자들이며 타인들의 시선 속에서 인정을 갈구하는 사람들이다. 가시성의 세계에서 탈출구 없는 지위경쟁을 지속하는 한 누구나 새로운 신의 대행자들이 될 수 있다.

사회경제적 지위불안과 타인의 시선에 의해 규정되는 존재 조건은 언제나 정치적 차원에서 이해되어야 한다. 그리고 국가의 존재 이유는 바로 과시의 실패자들이 주관적 믿음에 휘둘리지 않도록 하나의 참조점을 만드는 데 있다. 국가는 사회경제적 불안과 존재론적 불안에 시달리는 근대인들이 이 땅 위에 새로이 만들어 낸 신이다. 이어지는 장에서는 근대 정치 질서가 종교적 내전이 초래한 세계의 불확실성 속에서 어떻게 새로운 아이돌을 세웠는지를, 가시성의 통치를 탐구한 홉스의 『리바이어던』을 중심으로 살펴본다.

4장 국가, 새로운 아이돌

"리바이어던은 단순히 권위에 대한
경외나 불경을 표현하는 장면이 아니다.
사람들이 서로를 동등한 존재로
가시화하는 집단적 퍼포먼스다."

경제적 불안과 종교적 불안을 동시에 마주한 근대인에게 신은 출발점이자 종착점이었다. 이때 신이 사라진다면 무슨 일이 일어날까? 더 이상 내세의 구원도 없고 자본주의의 정신을 지탱해 줄 믿음의 근거 역시 사라진다면 말이다.

신이 없는 자리에는 언제나 아이돌이 세워진다. 아이돌이란 무엇인가? 우상이다. 보이지 않는 신을 돌이나 나무, 또는 금속을 통해 형상화하고 그것을 숭배하는 것이다. 일신교에서는 신을 이미지화하는 것을 우상 숭배라며 금지했다. 어디에나 있어야 할 초월적인 신을 물리적인 형태로 만들면, 사람들은 돌이나 나무, 또는 금속을 정말로 신이라고 생각해 버릴 우려가 있기 때문이다. 그런데 오늘날 대중문화에서 아이돌은 정말로 살아 숨 쉬는 존재다. 어떤 아이돌 그룹의 정체성은 아티스트 한 명 한 명의 인격에 의존할까? 만약 그렇다면 멤버가 바뀌는 아이돌 그룹은 어떨까? 멤버가 모두 교체된 후 이름만 남은 아이돌은 여전히 같은 아이돌인가?

단일한 믿음의 체계가 무너져 내리고 있던 이른바 근대의 여명기에 사람들은 이와 유사한 상황에 직면해 있었다. 하나의 신을 믿었던 사람들이 이제 서로 다른 형상과 이미지를 붙들고 신이라고 부르기 시작했다. 멤버가 모두 바뀐 아이돌 그룹에 기존의 팬덤이 강한 반감을 가질 것은 불 보듯 뻔한 일. 서로의 우상을 흘겨보며, 사람들은 미워하고 헐뜯고 고문하고 급기야 죽이기까지 했다. 이때 아이돌 그룹의 정체성을 고민하듯, 정말로 신이란 무엇인지 다시 생각하기 시작한 철학자들이 있었다.

하나의 신이 사라진 세계에서 믿음을 회복할 방법은 무엇일까? 그것은 진실과 거짓의 이분법을 넘어 새로운 믿음의 형태를 상상하는 것이다. 신 없는 세계에서 새로운 신을 창조해야 한다.

가짜뉴스와 음모론의 시대

하나의 믿음에 대한 거대한 균열은 로마 가톨릭교회의 수사이자 대학 교수였던 한 인물이 교회의 거짓말을 폭로하면서 시작되었다. 교회는 자신들이 판매하는 면죄부를 구매하면 죄에 대한 벌이 면제될 수 있다는 교리를 발전시키며 이렇게 말했다. "동전이 헌금함에 떨어지는 순간, 영혼은 연옥에서 날아오른다."[1]

마키아벨리가 가톨릭교회와 기독교 윤리가 국가의 정치적 영광의 획득을 방해한다고 느끼며 『군주론』을 집필하고 있을 즈음에, 기독교 신앙을 갱신하려고 했던 루터는 1517년 교회의 권위에 정면으로 도전하는 반박문을 비텐베르크 대학의 정문에 내걸었다.

95개로 구성된 이 반박문의 핵심 주장은 교황의 사면권이 교회법에 의해 부과된 형벌에만 국한되며, 교회법은 살아 있는 사람에게만 적용된다는 것이다. 그래서 루터는 면죄부 판매로 막대한 부를 축적하고 있던 교회를 이렇게 비판했다. "돈이 헌금함 안에서 딸랑 소리를 낼 때에 이득과 탐욕이 증가한다는 것은 틀림없는 사실이다. 성직자의 대행적 기도의 응답 여부는 하나님의 선한 뜻에만 달려 있다."[2]

베버의 청교도들이 구원에 대한 극도의 불안에 휩싸여 자본 이득을 그 표식으로 삼아 불안을 해소하려고 했다면, 여기서 루터는 교회의 권위와 순수한 신앙을 분리함으로써 그 불안의 단초를 마련하고 있다. 교황의 사면과 헌금함의 동전 소리도 내세에서의 지위를 보증해 줄 수 없게 되었기 때문이다. 구원이 오직 믿음의 문제가 되었을 때, 사람들은 자신이 딛고 선 것이 견고한 세계가 아니라 수레바퀴라는 사실을 알게

---

1   도미니코회 수도자이자 설교자인 요한 테첼(1465~1519)의 발언으로 알려져 있다.

2   마르틴 루터, 「95개조 반박문」 27조 및 28조.

되었다. 포르투나의 세계다. 이제 그들은 각자의 교회들을 세운 채 서로에게 이렇게 묻고 있었다. "너 더 이상 신을 믿지 않지?"

루터가 촉발한 도발은 하나의 교회를 내부에서 무너뜨리고 종교개혁의 길을 열었다. 이제 막 출현하고 있던 영토국가들은 종교적 내전에 휩싸였다. 신의 말씀이 진리로 받아들여진 사회에서 서로 다른 믿음을 갖는다는 것은 서로가 서로에게 중대한 거짓말쟁이가 되었음을 의미했다. 게다가 그 거짓말은 내가 믿는 진짜 신을 모독한다는 점에서 분노의 감정을 야기했다. 모두가 각자의 수레바퀴 위에 선 채로 세계의 분열에 대한 책임을 서로에게 전가했던 것이다.

루터가 활동했던 16세기 독일은 신성로마제국의 분열 속에 있었고, 그 여파로 일어난 전쟁은 결국 일시적인 종교적 타협을 낳았다.[3] 하지만 이 타협은 루터파만을 인정한 제한적 조치였고, 개인의 신앙이 여전히 정치적 군주의 권위에 종속된다는 점에서 근본적인 한계를 지녔다. 무엇보다도 정치와 진리가 분리될 수 없는 영역으로 남아 있었기에, 진리를 둘러싼 내전은 끝내 종식되지 못했다. 가짜뉴스와 음모론이 난무하던 시절이었다.

---

3   아우크스부르크 화의(1555)는 제국 안에서 지역의 영주가 믿는 종교를 그 주민이 믿는 것을 허용했다. "영주민은 영주의 종교를 따른다(Cujus regio, ejus religio)"라는 원칙에 근거한 조치였다.

마키아벨리가 말한 '거짓말'을 국가의 본질적인 기능으로 받아들이는 일은, 국가를 전혀 새로운 방식으로 이해할 때 비로소 가능했다. 그것은 군주이자 신이면서 전에 없던 비인격적 픽션으로서의 국가를 사유하는 일이었다. 이를 이해하기 위해서는 먼저 종교적 내전 속에서 '신'을 새롭게 규정하려 했던 시도들을 살펴보아야 한다. 믿음의 체계가 분열된 시대에, 어떻게 믿음을 토대로 권위를 새로 세울 수 있었을까? 그것은 어떤 성격의 믿음이어야 할까? 이 물음에 대한 단초는 두 철학자 데카르트와 홉스의 사유가 교차하는 지점에서 드러난다.

신 없는 세계의 불안

새로운 믿음의 토대에 대한 물음은 17세기에 이르러 근대 과학이 출현하면서 결정적인 전환점을 맞았다. 당대의 지식인들은 여전히 신과 진리를 동일시했지만 진리에 대한 과학적 태도가 변모함에 따라 신을 이해하는 방식에도 변화가 불가피했기 때문이다.

서유럽에서 과학적 인식론을 정초하고 선도한 철학자 데카르트는 교회의 권위가 흔들리기 시작했을 때 진리의 기반을 '의심할 수 없는 자기 자신'으로 삼음으로써 확실성의 새로운 토대를 제시했다.[4] 데카르트는 정말로 모든 것을 의심해 보기로 했다. 눈앞에 보이는 세계도, 감각도, 수학적 명제마저도 악마의 속임수일 수 있다는 가정을 통해 하나씩 제거해 나갔다. 내가 감각으로 인식하는 세계는 그야말로 거짓말이다.

이러한 급진적 회의는 마침내 자신을 지탱할 수레바퀴조차 없는 공허한 세계로 그를 내던졌다. 하지만 어느 순간 데카르트는 자신의 의심을 멈출 수 있었다. 의심하는 행위를 수행하는 '나'만큼은 의심할 수 없었던 것이다. 설령 세계가 사라진다 해도 최소한의 확실성은 여전히 남는다. 그것이 곧 생각하는 주체로서의 자아였다. 이제 정치 사회의 토대가 되어야 할 믿음은 이 공허 속을 유영하는 자아들의 몫으로 남겨지게 되었다.

이 확실성은 단단했지만 동시에 외롭고 불완전했다. 그래서 데카르트는 이성의 확실성을 재차 신의 존재를 통해 증명하려고 했다. 그는 "무한하고, 비의존적이고, 전지전능한" 완전한 현존, 즉 신이라는 관념이 불완전한 인간인 나에게서 비롯될 수는 없다고 보았다. 그렇다면 그 개념은 외부로부터, 더 정확히 말해 실재하는 신으로부터 주어진 것이어야 했다. 무엇보다도 신은 결코 속이지 않는 존재다. 내가 감각을 통해 인지한 외부 세계는 신의 보증 아래에서 비로소 진실이 된다. 거짓말

---

4   르네 데카르트, 이현복 옮김, 『제일철학에 관한 성찰, 자연의 빛에 의한 진리 탐구, 프로그램에 대한 주석』(문예출판사, 2023).

하지 않는 신은 진리와 거짓의 내전을 자아의 인식 속에서 종식시키는 철학적 근거였다.

신을 이성적인 차원으로 존재하게 만드는 데카르트의 처방은 아이돌의 설 자리를 불가능하게 만드는 것 같다. 데카르트라면 멤버 전원이 교체된 아이돌 그룹도 충분히 받아들일 것이다. 그에게는 관념적으로 존재하는 신의 이름만이 중요하기 때문이다. 눈에 보이는 아이돌은 거짓말을 할 수 있다. 그렇지만 보이지 않는 신은 거짓말을 하지 않을 것이다. 따라서 데카르트의 철학에는 눈에 보이는 대상을 두고 사람들이 느낄 서로 다른 감정을 이해할 여지가 없다. 데카르트는 끝내 현실의 인간들이 수행하는 거짓말 게임을 수용하는 데에 실패했고, 그의 바람과 달리 정치학에 대한 저작을 남기지 못했다.

거대한 믿음의 균열이 낳은 진실과 거짓의 내전이 결국 고독한 자아들 사이의 내전이라는 사실을 포착한 이는 데카르트를 존경하면서도 그의 신을 믿지 않았던 홉스였다. 홉스는 신조차 거짓말쟁이가 될 수 있다고 보았다. 치료를 위해 환자를 속이는 것이 죄가 될 수 없듯이, 신이 선한 의도로 우리를 속일 가능성을 배제할 수 없다.[5] 이런 가능성을 토대로 홉스는 기만과 거짓말을 구별한다. 나쁜 의도를 지닌 거짓말만이 기만

---

5   르네 데카르트, 원석영 옮김, 『성찰 1: 성찰에 대한 학자들의 반론과 데카르트의 답변』(나남, 2016), 152쪽.

이 될 수 있다는 것이다. 데카르트와 달리 홉스는 인간 정신 속에 신에 대한 관념이 선천적으로 존재한다고 보지 않았다. 사실 그는 '정신' 자체의 실재성도 부정했다.

태어날 때부터 시각 장애를 가진 사람이 불 앞에서 따뜻함을 느끼는 것처럼, 신에 대한 관념 역시 감각과 상상력이 만들어 낸 산물일 수 있다. 시각 장애인은 따뜻한 무엇이 존재한다는 사실은 감각할 수 있고, 그것이 '불'이라는 말을 들으면 곧 불이 존재한다고 결론 내릴 수 있다. 그러나 그는 불의 색이나 모양을 알지 못한다. 홉스에 따르면, 이때 시각 장애인이 느끼는 따뜻함은 외부의 물체가 감각 기관을 자극해 신체 내부에서 발생하는 운동의 결과일 뿐이다.

인간은 원인 너머의 원인을 찾으려는 본성을 지니고 있으며, 그렇게 떠오른 '영원한 원인'에 단지 신이라는 이름을 붙였을 뿐이다.[6] 이런 세계에서 실제 대상과 감각을 일으키는 이미지 또는 심상은 별개의 것이 된다.[7] 후일 칸트가 강조한 것처럼, 인간은 감각을 통해 현상을 인식할 수 있을 뿐 대상을 그 자체로 이해할 수는 없다. 세계가 감각에 의존한다는 점에서, 인간은 감각의 세계 안에 갇혀 있는 셈이다. 그렇다면 홉스가 바라본 감각의 세계는 구체적으로 어떤 모습이었을까?

---

6   데카르트, 『성찰 1: 성찰에 대한 학자들의 반론과 데카르트의 답변』, 134~135쪽.
7   홉스, 『리바이어던 1』, 28쪽.

서로를 얕잡아보는 세계

베버가 칼뱅의 예정설에서 내세에 대한 불안을 읽어 냈다면,
홉스는 감각에 의존하는 세계 곳곳에 스며든 불안을 포착했다.
홉스에게 인간은 "눈에 보이는 것은 무엇이든지 그 원인을 알
고 싶어"하고 "자신의 행운과 불운의 원인을 알고 싶어"한다.
그리고 원인에 대한 원인을 끝없이 추적한다. 이러한 강박은
곧 불안을 야기한다.[8] 말하자면 운명의 지배를 벗어나려는 분
투가 오히려 인간을 막연한 미래에 대한 끊임없는 근심 속에
가두어 버리는 것이다.

홉스는 인간이 종교적 믿음을 갖는 이유 역시 미래에 대한
불안에서 찾았다. 순전하게 감각에 의존하는 인간은 역설적으
로 보이지 않는 것에 대한 불안에 사로잡힌다. 내세에 대한 불
안에 시달리던 베버의 청교도들이 현세에서 가시적 표식인 자
본을 통해 그 불안을 해소하려고 했던 것과 달리, 홉스적 인간
들은 가시성의 세계에서 비가시적인 실체를 찾으려고 애쓴다.

[인간은] 모든 사물의 최초의 그리고 영원한 하나의 원인이
반드시 존재한다는 결론에 이르게 된다. 이것이 바로 사람들
이 '하나님'이라는 이름으로 부르는 존재의 본질이다. 이러한

8   위의 책, 148~149쪽.

인과연쇄에서 인간의 운명에 대한 고려는 없다. 따라서 인간들은 자신의 운명에 대해 근심을 가지게 되는데 운명에 대한 근심은 공포를 낳기 쉬울 뿐만 아니라, 다른 사물들의 원인에 대한 탐색을 방해한다. **운명에 대한 근심이 신을 낳기 시작**하면 사람들의 수만큼 많은 신이 생겨난다.[9]

감각의 세계 속에서 인간은 자신의 운명, 곧 지위에 대해 필연적으로 불안에 사로잡힐 수밖에 없으며, 이러한 근심은 단일한 믿음을 불가능하게 만든다. 신마저도 결국 각자가 지닌 감각의 산물이라는 점에서, 홉스는 자신이 목격한 종교 내전을 인간 본연의 모습으로 이해했을지도 모른다. 진실과 거짓 또한 각자의 자의적 인식과 판단에서 비롯되기에, 믿음을 둘러싼 투쟁은 근본적으로 개별 인간들 사이의 내전으로 귀결된다.

내전상태로 전락한 신 없는 세계는 가시성의 세계를 전형적으로 보여 준다. 미래에 대한 근심으로 가득한 인간은 신의 이름으로 다투더라도 결국 자신의 지위를 위해 다툰다. 감각에 의존하는 인간은 그 감각 운동이 중지되지 않는 한(즉, 죽음에 이를 때까지) 끊임없이 욕망을 추구한다. 이 욕망 추구는 근본적으로 가시성의 세계에서 인정투쟁의 형태를 띠며, 힘에 대한 쉼 없는 욕망이 이 세계의 본질을 이룬다. 무엇보다 힘조차 타

---

9   위의 책, 150쪽.

인의 시선 속에서 평가되고 결정된다.

다른 물건들도 다 그렇듯이, 인간의 경우에도 파는 자가 아니라 사는 자가 그 **가격**을 결정한다. 예를 들어, 어떤 사람이 자신을 최고의 가치로 평가한다고 해도 (사실상 대부분의 사람들이 그러고 있지만) **그의 실제 가치는 다른 사람들의 평가 그 이상은 아니다.** 우리가 서로 상대를 평가하는 가치 표명은 명예를 부여하거나 혹은 불명예를 부여하는 것으로 나타난다. 상대를 높게 평가하는 것은 그에게 '명예를 부여하는 것'이며, 낮게 평가하는 것은 그에게 '불명예를 부여하는 것'이다. 그러나 이 경우에 높고 낮음은 여러 사람들이 자기에게 내리는 평가들을 비교하여 이해된다.[10]

홉스에 따르면 인간은 희소한 자원을 두고 경쟁하지만, 그와 같은 경쟁의 본질에는 명예욕이 자리한다. 인간은 우선 자기 신체를 지키려는 본능, 즉 감각 운동을 유지하려는 자기보존을 위해 폭력을 동원한다. 하지만 분쟁의 궁극적인 핵심은 인간들 사이에 이루어지는 평가에 있다.[11] "한마디 말, 혹은 단

---

10 위의 책, 124쪽.

11 홉스는 아리스토텔레스가 정치적 동물에 포함시킨 군집생활을 하는 벌이나 개미 등과 인간을 비교하며 이렇게 썼다. "인간은 명예와 지위를 위해 끊임없이 경쟁하지만, 동물들은 그렇지 않다. 따라서 인간들 간에는 바로 그 때문에 시기와

한 번의 웃음, 혹은 의견의 차이 등, 자신의 신상이나 자신의 친척, 친구, 민족, 직업, 가문에 대해 얕잡아보는 사소한 표현들 때문에 폭력을" 사용하게 된다.[12] 이것이 흔히 홉스적 갈등상태를 일컫는 '만인에 대한 만인의 전쟁상태'다. 중요한 것은 이 전쟁이 실제 살육의 지속이 아니라, 서로를 얕잡아보는 마음이 지속되는 상태라는 점이다. 이 내전상태에서 모든 사람은 외양을 그럴듯하게 꾸미는 과시적 존재가 될 수밖에 없다.

　이 내전상태는 어떻게 종식될 수 있을까? 이에 대한 해답은, 역설적으로 홉스가 묘사한 내전상태 속에서 찾아 볼 수 있다. 내전은 "모두를 경외 속에 묶어 둘 공통의 권력이 없을 때" 발생한다.[13] 여기서 경외란 단순한 두려움이 아니라, 두려움과 존경심이 뒤섞인 감정이다. 이러한 감정의 뿌리를 친구들 간의 교제에서 찾는 홉스는 경외가 평판 중에서도 최고 형태라는 점을 암시한다. 그렇다면 공통의 권력은 최고의 평판을 갖는 중심점으로 기능해야 한다. 인간은 어떻게, 모두를 경외함으로 압도할 힘, 서로를 질시하게 만드는 욕망을 멈추고, 경외할 만한 대상을 만들 수 있을까? 신이 없는 세계에서 말이다.

증오가 발생하고 결국에는 전쟁이 일어나지만, 그 동물들은 그렇지 않다." 위의 책, 230쪽.
12　위의 책, 171쪽.
13　위의 책, 171쪽.

아이돌을 만들자

홉스가 보기에 인간이 신에게 부여하는 속성들은, 감각으로는 결코 인식될 수 없는 것들이기에 신의 실제 속성이 될 수 없다. 이는 단지 이쪽의 무능을 드러내고 신의 권능을 찬양하는 표현일 뿐이다. 신은 이해의 대상이 아니라 경외의 대상이다. 홉스는 신에 대한 인간의 경배가 인간들 상호 간의 존경의 표현과 질적으로 다르지 않다고 보았다. 신에게는 단지 최고급의 경배면 충분하다.

그렇다면 인간의 불안이 향하는 보이지 않는 경외의 대상을 보이는 권력의 중심으로 만들어, 가시성의 세계에서 분투하는 사람들을 경외 속에 묶어 두면 어떨까? 이 문제의식은 홉스가 가시성의 세계와 국가라는 이미지를 연결시킨 통찰이다. 또한 지위를 과시하는 이들과 더불어 살아가기 위한 정치학의 밑바탕으로서, 우리가 홉스의 국가 개념에 다시 주목해야 할 이유이기도 하다. 홉스의 전략은 군주의 지위와 동일하게 인식되던 국가를 가시적인 신의 형상으로 변모시키는 것이었다. 우리가 영영 알 수 없는 신의 형상을 지닌 국가. 신의 형상을 이 땅에 세우는 우상이자 아이돌.

홉스는 국가의 설립을 다음과 같이 묘사했다.

다수의 사람들이 **하나의 인격**으로 결합되면 그것을 '코먼웰

스’(commonwealth)라 부르며, 라틴어로는 ‘키위타스’(civitas)라
고 한다. 이것이 바로 저 위대한 ‘리바이어던’, (아니, 좀 더 경
건하게 말하자면) ‘영원 불멸의 신’의 가호 아래, 우리가 평화와
방어를 맡기는 **‘필멸의 신’**이 탄생하는 것이다. 왜냐하면 이 지
상의 신은 코먼웰스에 살고 있는 모든 개인이 부여한 권한을
통해 **막대한 권력과 힘**을 행사하게 되고, 그 힘이 주는 공포로
써 국내에서는 평화로, 국외에서는 적에 대한 상호협력을 형
성할 수 있게 모든 개인의 의지를 하나의 의지로 만들어 내기
때문이다.[14]

여기에는 두 종류의 ‘신’이 등장한다. 하나는 영원한 신이
고, 다른 하나는 이 땅의 신이다. ‘영원 불멸’은 감각하거나 인
지할 수 없는 신의 속성인 반면, 이 땅에서 기댈 수 있는 신은
인간처럼 죽음을 맞는다. 앞선 논의를 바탕으로 조금 더 꼼꼼
히 이 구절을 읽어 보면, 영원 불멸이라는 찬양의 말은 인간의
이해를 넘어선다는 점에서 사실 신의 부재를 의미한다. 즉 진
짜 신은 눈에 보이지 않지만, 인간은 눈에 보이는 아이돌을 만
들어야 한다는 것이다.

그렇다면 이 신의 모습은 어떠해야 할까? 아이돌은 아름
다운 형상이어야 하거늘, 홉스는 국가를 무서운 괴물로 이미

<hr>

14   위의 책, 232~233쪽.

『리바이어던』(1651) 권두 삽화

지화했다. 리바이어던이라는 이름은 성경(욥기)에 등장하는 바다괴물에서 가져온 것으로, 이는 국가의 "막대한 권력과 힘"을 보여 주는 상징이다.

그런데 이러한 이미지를 상상하면서 실제 홉스가 기획한 리바이어던의 도상을 바라보면 묘한 이질감이 느껴진다. 리바이어던은 전혀 위협적인 존재처럼 보이지 않기 때문이다. 괴물이 아니라 사람의 모습을 하고 있으며, 왕관을 쓴 모습에서 왕의 형상을 떠올리게 하지만 구체적으로 누구인지 알 수 없다.[15] 그가 무엇을 보고 있는지는 더욱 묘연하다. 무엇보다도 전혀 신 같아 보이지 않는다. 군주도 아니고 신도 아닌 이 인격 또는 '사람'은 무엇일까?

괴물, 배우, 기계 인간

리바이어던은 국가를 형상화한 가장 강력한 이미지다. 국가라

15 　이 얼굴이 누구를 형상화하고 있는지에 대해서는 홉스 연구자들 사이에 다양한 해석이 있다. 홉스가 리바이어던을 출간했을 때 공화국 영국의 수장이었던 호국경 크롬웰이라는 설과 찰스 2세라는 설이 있으며, 홉스 그 자신의 얼굴을 그려 넣었다는 해석도 있다. 이러한 의도된 모호성은 『리바이어던』이 출간될 당시 영국이 예외적으로 왕이 없던 공화정이었기 때문이기도 했다. 절대적인 국가의 비전과 더불어 동등성의 시학을 함께 보여 주는 홉스의 정치학은, 군주론자가 공화정에서 책을 출간해야만 했던 우연의 산물일지도 모른다.

는 추상적인 대상을 이토록 선명한 가시성의 형태로 만들고자 했던 홉스의 시도는, 국가가 단순히 폭력의 정당한 독점자에 그치지 않는다는 사실을 보여 준다. 그런 점에서 리바이어던의 이미지는 오히려 인류학자 클리퍼드 기어츠가 발리섬의 극장 국가 느가라를 묘사한 대목에서 발견된다.

> 발리에서의 왕은 마치 인간 형태를 한 일종의 **표의문자**로 존재하기 위해서 개인 정체성과 의지를 포기한 존재처럼 보인다. (……) 왕은 계속해서 여러 시간 동안 **공허한 표정**으로, **시선**은 더욱 공허하게 둔 채 엄격하게 **형식적인 자세**를 유지하며 앉아 있었다. 왕은 꼭 필요한 경우에만 발레처럼 우아하고 느린 형식성에 맞추어 몸을 움직였으며, 역시 꼭 필요한 경우에만 과묵한 어구로 몇 마디를 중얼거리며 이야기했다. 사람들이 왕의 주변에서 왕의 영예를 위한 화려한 장면을 구성하려고 힘껏 일하고 있을 때, 왕은 위대할 정도로 동요하지 않는 존재이자 **사물의 중심에 있는 신성한 침묵**으로 남아 있었다. 왕은 "비활동적이고 형태가 부재한 공허한 자아"였던 것이다.[16]

기어츠는 서유럽에서 위계적 통치기구로서 이해되어 온

---

16   클리퍼드 기어츠, 김용진 옮김, 『극장국가 느가라: 19세기 발리의 정치체제를 통해서 본 권력의 본질』(눌민, 2020), 237~238쪽.

국가론에 대한 대안적 모델을 발리섬에서 발견했다. 그는 발리섬에서 권위가 작동하는 방식을 물리적 강제력의 집행을 통한 지배와 복종이 아니라, 화려하지만 공허한 중심을 둘러싼 연극적 수행으로 설명한다. 이러한 분석을 빌려 보면, 왕의 모습을 한 리바이어던은 괴물도 신도 아니며, 오히려 명예와 불명예를 둘러싼 미묘한 내전을 치르는 사람들 앞에 선 고요한 중심점처럼 보인다.

2장에서 '꾸며 낸 위엄'이자 귀족들의 참조점으로서 군주의 역할을 논한 것을 기억할 것이다. 이와 유사하게, 기어츠가 묘사하는 발리섬의 군주 역시 상징적 중심으로서 과시적 면모를 보인다. 하지만 여기서 상징적 중심은 부재하는 중심으로 기능한다.[17] 몽테스키외의 군주가 다른 모든 사람들을 작아 보이게 만드는 위대한 중심이었다면, 기어츠의 군주는 단지 고정되어 있다는 점에서 유동하는 사회의 중심이 된다. 자신의 인격을 지워야만 이 사람은 문자가 될 수 있다. 말하자면 기어츠의 군주는 모종의 배역을 수행하는 배우와도 같다.

리바이어던 역시 몽테스키외의 살아 있는 군주라기보다는 하나의 배역으로서 의미를 지닌다. 느가라 왕의 공허한 표정과 시선, 엄격하고 형식적인 자세와 침묵 등은 리바이어던을

---

17 군주의 실제 권력이 약화되면서 오히려 군주정이 장엄한 의례의 중심이 될 수 있었던 현대 영국은 바로 이러한 공허한 중심의 사례로 읽을 수 있다. 에릭 홉스봄 외, 박지향·장문석 옮김, 『만들어진 전통』(휴머니스트, 2004), 236~253쪽.

묘사하는 기술과 겹쳐진다. 홉스는 "주권자의 모습이 보이지 않는 곳에서는 명예의 높고 낮음을 다툴지라도 주권자 앞에서는 모두 태양 앞의 별빛에 불과하다."라고 이야기하지만, 군주란 정말로 위대하기보다 위대해 보이는 기어츠적 군주에 가깝다.[18]

홉스는 국가를 일종의 인격으로 이해했는데, 이 말이 연극적 수행과 깊은 관련이 있다는 사실을 다음과 같이 강조했다.

> 인격(person)이란 말은 라틴어이다. 그리스인들은 그 말 대신에 '프로소폰(πρόσωπον)'이라는 말을 사용했는데 이것은 '얼굴(face)'을 의미한다. 이것은 마치 라틴어의 '페르소나(persona)'라는 말이, 분장하고 무대에서 선 사람의 '가장'이나 '외관', 그 중에서도 특히 가면이나 복면처럼 얼굴을 가장하는 부분을 의미하는 것 같다. 이 말이 극장의 무대를 떠나 법정으로 가서, 극장의 무대에서 그랬던 것처럼, 어떤 말과 행위의 대표자를 의미하게 되었다. 그러므로 '인격'이란 것은 무대 위에서나 일상회화에서나 배우가 하는 일과 같은 것이다.[19]

국가가 이와 같은 의미에서 인격이라면, 홉스는 고프먼의

---

18 홉스, 앞의 책, 246쪽.
19 위의 책, 216~217쪽.

연극적 수행을 통치의 관점에서 재서술하고 있다고 할 수 있다. 게다가 이 존재는 기계적 자동 장치와도 유사한 인공적 사람(artificial man)이다. 만약 로봇과 인공지능이 결합한 '피지컬 AI'의 원조가 있다면 바로 국가일 것이다.[20]

인간의 형상을 한, 그렇지만 가공할 힘을 지닌 괴물이라는 배역을 연기하는 자동기계. 이것이야말로 신 없는 세계에 나타나는 아이돌의 모습이다. 우리가 만든 허구적 픽션이다.

데카르트의 신이 결코 거짓말을 하지 않는 존재라면, 이 픽션으로서의 국가는 상상과 거짓말의 산물이다. 그렇다면 가면을 쓴 이 존재는 어떤 연극을 펼치고 있는 것일까? 괴물, 자동 기계, 배우라는 모순된 이미지가 어떻게 국가라는 한 몸에 깃들 수 있을까?

홉스적 국가를 근대국가의 가장 전형적인 사례로 이해할 때, 리바이어던은 무엇보다도 '막대한 권력과 힘'을 상징하는 괴물로 우선 나타난다. 경제학자 대런 애스모글루와 정치학자 제임스 로빈슨의 공저 『좁은 회랑』은 이러한 리바이어던의 의미를 다시 묻는 작업으로 시작한다.[21] 그들의 문제의식은 홉스

---

20 이러한 은유 속에서도 '국가-대표자-국민'의 관계를 생각해 볼 수 있다. 인공지능에게 인격을 부여할 수 있을까? 근대국가는 바로 이 목표를 달성했는데, 이로써 대표자의 행위는 국가의 행위로 귀속되지만 그 결과적 책임은 모든 국민에게 귀속되는 논리가 성립하게 된다. 가령 정부 대표자가 외국으로부터 돈을 빌려오는 경우를 상상해 보라.

21 대런 애스모글루·제임스 A. 로빈슨, 장경덕 옮김, 『좁은 회랑』(시공사, 2020).

가 제시한 이분법, 즉 국가 부재의 자연상태와 내전을 종식시키며 등장하는 정치질서로서의 국가에 대한 의문에서 비롯된다. 애스모글루와 로빈슨은 개인의 자유가 국가와 사회의 긴장 속에 놓여 있다고 본다.

그들에 따르면, 리바이어던은 언제든 전제적 형태로 타락할 위험을 지니고 있다. 홉스가 국가의 정당성을 오로지 내전 상태를 종식시키는 데에 두었기 때문이다. 내전을 종식시킬 수 있다면, 그 어떤 개인과 집단도 국내외적으로 국가라는 대표성을 획득할 수 있고, 말하자면 리바이어던의 얼굴이 될 수 있다. 이와 달리 두 학자는 국가가 부재한 사회에서도 폭력을 제어하는 여러 기제, 가령 관습이나 전통, 의례와 같은 사회적 규범들이 발달했음에 주목한다. 말하자면 '보이지 않는 손'이 존재하는 세련된 사회가 가능하다는 것이다. 이때 규범은 "다른 사람들의 눈으로 볼 때 무엇이 옳고 그른지를" 결정한다.[22]

하지만 이들은 동시에 사회 규범이 지닌 부정적인 측면도 간과하지 않는다. 규범은 언제든 개인을 억압하는 '규범의 쇠우리'로 변할 수 있기 때문이다. 그것은 사회의 위계질서를 반영하며, 더 부유하고 영향력 있는 집단이 규범의 형성과 적용에서 유리한 위치를 차지하게 만든다. 국가의 영향력이 끼치지 않는 지역에 존재하는 전통적 친족 집단을 떠올려 보라. 기원

22   위의 책, 62쪽.

조차 알 수 없는 전통과 온갖 예의범절은 일종의 규범으로 사회를 규율하지만 개인의 자유를 억압하는 강압으로 작용하기 마련이다. 결국 애스모글루와 로빈슨이 말하는 개인의 자유를 위한 좁은 회랑은, '전제적 리바이어던'으로 전락할 국가와 '규범의 쇠우리'로 경직된 사회 사이, 즉 국가와 사회 사이에 존재한다.

국가가 전제적 리바이어던으로 전락할 수 있다는 우려는 국가를 괴물이자 기계로 상상하는 이미지 속에서 드러난다. 국가는 막강한 힘을 보유함과 동시에, 그 힘을 관료제라는 자동기계 속에서 냉정하게 구현하기 때문이다. 그러나 국가를 배우라는 이미지와 결합해 보면 사정은 달라진다. 이때 국가는 오히려 규범의 쇠우리에 대한 응답으로서 기능한다. 왜냐하면 홉스가 묘사한 자연상태는 단순히 살육만이 난무하는 장소가 아니라, 명예와 불명예를 다투는 무대였기 때문이다. 그곳은 타인의 시선에 의해 지배되는 장이었다.

홉스가 지적한 문제는 바로 사회적 규범이 모욕과 질시 같은 감정을 제대로 억누르지 못한다는 점이다.[23] 이런 맥락에

---

23 악셀 호네트 역시 청년 헤겔의 홉스 해석에서 이와 유사한 분석을 전개한 바 있다. 호네트에 따르면, 청년 헤겔은 서로가 자기 자신을 타자 속에서 인식하는 상호주관적 인정 형식을 마키아벨리와 홉스의 투쟁에서 발견했다. 헤겔은 이러한 투쟁이 순수하게 자기보존을 위해서만이 아니라 사회적 인정관계의 장애나 손상 때문에 일어난다고 이해했다. 우리는 이러한 관계 속에서 스스로 인정받기 위해서 타인을 인정해야만 하는 방식으로 유도된다. 악셀 호네트, 이현재·문성

서 홉스 역시 관습과 전통, 의례와 같은 사회적 상호작용이 개
인에게 억압으로 작용한다고 보았다.

하지만 그의 문제의식은 단순히 개인의 자유를 옹호하는
차원과는 달랐다. 애스모글루와 로빈슨이 개인의 자유에 초점
을 두고 있다면, 홉스는 가시성의 세계에서 굴절되는 사회적
감정에 더 주목하고 있다. 그것은 동등하지 않은 사람들이 동
등해지고자 할 때 발생하는 감정적 내전상태다. 홉스가 리바이
어던을 통해 구상했던 좁은 회랑은 바로 이러한 사회적 감정
들이 흘러갈 수 있는 통로를 마련하려는 시도였다. 개인의 자
유는 결국 동등함이라는 정치적 형식 속에서만 가능하기 때문
이다. 그렇다면 자유를 위한 좁은 회랑의 성패는 결국 '가면을
쓴 리바이어던'이 펼치는 연극이 얼마나 성공적으로 수행되느
냐에 달려 있다고 말할 수 있을 것이다. 공허한 중심이지만 표
의문자처럼 기능하는 국가의 무대 위에서 말이다.

국가를 만드는 집단적 퍼포먼스

이러한 논의를 바탕으로 앞서 인용한 『리바이어던』의 구절에
서 하나의 인격으로 결합되는 '다수의 사람들'을 이제 거짓말

훈 옮김, 『인정투쟁: 사회적 갈등의 도덕적 형식론』(사월의책, 2011).

게임의 수행자들로 읽어 보자. 가면을 쓴 국가를 구성하는 사람들은 어떤 거짓말을 수행하고 있을까?

리바이어던의 몸을 구성하는 사람들이 보인다. 이 이미지는 다수 사람들의 몸으로 이루어진 하나의 정치적 신체로서 국가를 상징한다. 이 상징 자체는 중세부터 공동체를 사유하는 유력한 방식으로 종종 사용되었다. 새로운 것은 다수의 사람들이 보여 주는 연기에 있다. 그들은 독자의 시선에서 등을 돌리고 리바이어던을 향하고 있다. 국가는 아이돌이니, 왕이나 신에게 하듯 국가를 찬양하고 있는 것일까? 하지만 어쩐지 그들의 자세는 리바이어던의 얼굴처럼 단조롭다. 응원봉 같은 것도 들려 있지 않다.

오히려 눈에 띄는 것은, 그들 모두 같은 종류의 모자를 쓰고 있다는 점이다.[24] 여기서 모자를 벗지 않고 쓰고 있다는 사실이 중요하다. 홉스의 당대에 영국과 프랑스 등에서는 자신보다 우월한 사람들 앞에서 우열 관계를 표시하는 방식으로 모

---

24   이러한 도상 분석에 대해서는 Teresa M. Bejan, "Hobbes and Hats," *American Political Science Review* 117, no. 4(2023). 이 분석에 따르면, 리바이어던의 몸을 구성하는 군상들 사이에는 모자를 쓴 평민 남성들뿐만 아니라, 모자를 벗고 무릎을 꿇은 성직자나 귀족, 군인, 모자를 쓴 여성, 그리고 모자를 쓰지 않은 아이들도 소수 등장한다. 특히 주권자에게 경의를 표하며 무릎을 꿇은 성직자의 모습은, 단일한 형태의 모자를 쓴 평민 남성들과 대조를 이루며 오히려 후자들의 동등함을 더욱 부각시킨다. 한편, 당시 모자를 쓰는 것이 존경의 표현이었던 여성들의 모습은 이 도상이 평민 남성들의 동등성을 시각적으로 강조하고 있음을 시사한다.

리바이어던의 몸을 이루는 사람들은 모두 하나의 중심을 향해
모자를 벗지 않은 채 시선을 모으고 있다. 이 도상은 상징적 중심을
매개로 동등한 존재들이 드러나는 가장 선명한 이미지다.
무엇보다도 미세한 몸짓과 언어를 통해 동등함을 표현하는 이 그림은
정치공동체가 우리의 적극적 수행 속에서 지탱된다는 사실을 보여 준다.

자를 벗는 것이 관행적이었기 때문이다. 즉 이러한 관행은 사회적 위계를 조율하면서 미묘한 내전을 제어하는 전통적인 방법이었다. 그렇다면 모자를 벗지 않고 쓰고 있는 사람들은 우리의 아이돌에게 찬양은커녕 무례함을 보이는 것일까? 경외감의 중심이 되어야 할 대상 앞에서 그들의 태도는 이상하게 느껴진다.

이 감상의 지평 속에서, 최고의 평판을 갖는 중심점이라는 이미지와, 그 중심점을 둘러싼 모욕의 태도가 동시에 존재한다는 거대한 모순이 근대국가의 핵심에 자리하고 있다. 모자를 벗지 않는 행위는 권위의 중심에 왕과 같은 위대한 인격이 앉아 있다는 사실을 부정하는 몸짓처럼 보인다. 왕은 존재하지 않는다. 하지만 상징적 중심이 없다면 사람들은 저마다의 신과 우상을 찾을 것이다. 다수의 사람들은 왕이 부재한 그 자리에 공허한 시선의 중심을 세우고, 모두가 동일한 제스처를 취함으로써 존재하지 않는 대상을 출현시키는 거짓말을 수행한다.

이처럼 리바이어던은 권위에 대한 경외나 불경을 단순히 표현하는 장면이 아니다. 그것은 사람들이 서로를 동등한 존재로 가시화하는 집단적 퍼포먼스다. 이때 리바이어던의 얼굴은 바로 이 연극을 가능케 하는 침묵하는 중심으로 기능한다. 그래서 가면이 지닌 심상은 결정적이다. 그것은 권위의 중심이 본래 인공물이라는 사실을, 그리고 존재하지 않은 대상을 모두의 합일된 몸짓 속에서 이미지로 불러낸다는 사실을 드러낸다.

국가는 이처럼 모두가 동등하다는 사실을 말할 수 없는 진실로 구현할 때 탄생한다.

모두가 하나의 대상을 응시하는 순간 '모든 개인의 의지는 하나의 의지'가 된다. 사람들은 이와 같은 픽션에 의존해 정치적 통일체로서 자기 자신을 바라보게 되는 것이다. 모자를 벗지 않는 행위는 스스로가 주권자임을 드러내는 동시에, 서로 간의 우열을 나타내는 표식을 무력화시킨다. 이러한 퍼포먼스는 서로를 직접 응시하고 판단하는 시선이 아니라, 국가라는 부재하는 중심을 상징적으로 재현하는 연합된 의례를 통해 가능해진다. 가시성의 세계를 부정하지 않으면서 그것을 통치의 차원으로 승화시키는 것, 이것이 홉스적 국가의 전모다. 리바이어던은 본질적으로 전제주의로 귀결되는 것이 아니다. 우리가 이러한 연극적 수행에 실패할 때 국가는 전제적 괴물로 변한다.

동등하게 교류하기 위한 조건

이제 사회는 드라마 「사랑의 이해」 속 수영의 거짓말 게임과 유사해진다. 사회를 구성하는 거짓말은 우리의 진짜 모습을 은폐하기 위한 속임수가 아니라 오히려 드러내기 위한 허구적 맥락이다. 가짜를 만드는 거짓말이 아니라 우리가 진짜라고 믿는 바, 우리가 되려고 하는 우리의 모습을 만드는 거짓말로 사회가 성립한다. 감각의 세계 속에서 끊임없이 타인과 자신을 비교하며 살아가는 사람들이 동등하게 가시화될 수 있는 가능성은, 바로 이러한 연극적 수행을 통해 열린다. 사회의 기원에는 신도 없고 부친도 없고 살육도 없으며 희생도 없다. 거기에는 공허한 말들과 몸짓들이 있다. 다르게 말해 사회는 기원을 알 수 없는 금기에 의해 성립하기보다는 우리가 그 목적을 아는 금기를 만들면서 그 모습을 드러낸다.

말할 수 없는 진실을 만드는 일은 규범의 쇠우리로 작용할 수 있는 사회적 의례를 공허한 중심을 지닌 정치적 연극으로 전환하는 일이다. 이 연극은 사회적 감정을 교류할 수 있게 만드는 기반이 된다. 베네딕트 앤더슨이 민족을 정의할 때 사용한 표현을 빌리자면, 이러한 연극을 통해 "각자의 가슴 속에는 그들의 교감(communion)에 대한 심상이 살아 숨쉬고 있다."[25] 이때 교감은 기독교의 성찬식(Communion)을 이르는 말에서 유래했다는 점에서, 정치공동체의 핵심에 함께 밥을 먹는 일이 있다는 사실을 상기해 볼 수 있다. 예수의 제자들은 최후의 만찬으로 알려진 식사 자리에서 빵과 포도주를 통해 신의 몸을 먹고 피를 마셨다. 그리스도가 죽은 후 교회는 이 의례를

---

25   베네딕트 앤더슨, 서지원 옮김, 『상상된 공동체: 민족주의의 기원과 보급에 대한 고찰』(길, 2018), 25쪽.

반복함으로써 교회라는 공동체로 존재할 수 있었다.

신이 정말로 이 땅에 존재한다면 교회는 불필요할 뿐 아니라 사람들 사이의 동등한 교류도 어려울 것이다. 예수와 그 제자들의 관계에도 필연적으로 위계가 존재한다. 제자들은 앞다퉈 예수의 옆자리에 앉길 바랐다. 이처럼 권위자의 존재가 인격적으로 드러나는 장소에서 의례는 대개 그를 중심으로 한 사회적 위계를 재확인하는 방식으로 작동하기 마련이다. 반대로 공동의 식사와 회합이 없는 곳에서 공동체란 존재하지 않을 것이다.

권위자 없는 회합은 가능할까? 사람들은 공적 권위 없이는 지속적으로 모일 수 없다. 잠깐은 모이더라도 또다시 루소의 오두막집에서 일어나는 미묘한 내전을 경험할 가능성이 크다. 반대로 권위자가 발리섬의 군주와 달리 개인의 정체성과 의지를 포기하지 않는다면, 말하자면 끊임없이 자기 이야기를 늘어놓거나 자신의 지위를 확인하기 위한 무대로서 공적 회합을 활용한다면, 그곳에서는 질서만 존재할 뿐 동등한 사회적 교류는 불가능할 것이다. 공허한 중심이라는 이미지는 이처럼 우리의 일상을 가로지르며, 동등한 교류가 가능한 상태가 무엇인지 묻는다.

다음 장에서는 정치공동체로서의 국가가 종교적 회합을 대신해, 가시성의 세계와 내면적 믿음의 질서 사이를 어떻게 조율하고자 했는지 살펴본다. 그러나 이 기획은 완결되지 못했

다. 국가가 경제, 곧 화폐의 질서와 맞닿는 지점에서 그 한계가
서서히 드러나기 때문이다.

5장 국가라는 거짓말의 한계

"거짓말을 함부로 할 수 없다는 데에
정치적 능력으로서 거짓말 수행의 어려움이 있다.
우리는 어떤 형태의 공적 예배를
다시 회복할 수 있을까?"

유발 하라리는 『사피엔스』에서 현생인류인 호모 사피엔스를 '이야기하는 동물'로 규정하며, 허구를 지어내 이야기를 만들어 내는 능력이야말로 인류가 대규모 협력을 할 수 있는 비결이라고 주장한 바 있다.[1] 신, 국가, 기업이 모두 이러한 허구적 이야기의 산물이라는 그의 주장은, 앞서 살펴본 데카르트와 홉스의 치열한 논의를 축약해 놓은 것 같다. 하라리는 픽션의 대표적 사례로 푸조라는 자동차 회사의 브랜드를 거론하며, 법인으로서의 푸조는 그 제품들이나 근로자들, 심지어 창업자인 아르망 푸조와도 구별된 법적인 지위에 있다는 점을 강조했다.

하라리는 푸조라는 허구가 사제와 마술사가 신과 악마를 창조한 것과 유사하다고 지적했지만, 이러한 설명에는 하나의 맹점이 있다. 그가 강조했듯, 푸조라는 픽션은 프랑스 사법 제도의 뒷받침 없이는 성립할 수 없기 때문이다. 중세 이래 수많

---

1 유발 하라리, 조현욱 옮김, 『사피엔스: 유인원에서 사이보그까지, 인간 역사의 대담하고 위대한 질문』(김영사, 2023).

은 길드에서부터 동인도회사 같은 상업회사, 런던 시 같은 도시나 식민지 시기 미국의 주와 같은 정치 조직에 이르기까지, 이들은 국왕이 부여한 헌장(charter)을 통해서만 법인으로서 픽션이 될 수 있었다. 그것은 정치적 주권의 신비로운 능력에 근거한 것이었다. 인간은 국가 없이도 이야기를 지어낼 수 있지만, 어떤 픽션들은 오직 국가의 권위 위에서만 가능하다.

픽션들의 픽션

인간은 허구를 만들어 내는 존재이지만, 모든 픽션이 동등하지는 않다. 그들 사이에는 분명한 위계가 존재한다. 이러한 차이를 간파했던 홉스는, 오늘날과 같은 국가 시스템이 자명하지 않았던 시대에 국가를 하나의 강력한 허구적 상상물로 다시 태어나게 했다. 홉스 당대에 국가는 여전히 국왕의 인격과 분리되지 않았으며 국왕의 인격은 다시금 신의 존재에 의존하고 있었다. 따라서 새로운 픽션을 만들고자 했던 홉스는 신의 관념을 새롭게 정의할 필요가 있었다. 왜냐하면 중세에 신은 모든 픽션을 가능하게 하는 '픽션들의 픽션', 곧 마스터 픽션이었기 때문이다.

오늘날 국가는 새로운 마스터 픽션이 되었다. 이 과정에서 국가는 사회의 중요한 영역들과의 경계를 새롭게 정의해야만 했다. 바로 종교와 경제라는 영역이다. 이것은 거짓말 게임으로서 국가가 가시성의 세계를 장악하는 방식이기도 했다. 우선 국가는 교회의 외형을 모방하면서 새로운 신의 대리자임을 자처했다. 이를 통해 종교를 순수하게 내면적 믿음, 즉 신앙의 영역으로 만들었다. 또한 사적 신용의 형태로서 발전하고 있던 경제 영역을 화폐라는 국가에 의한 픽션으로 재구성했다. 국가는 종교와 경제의 경계선을 새로 획정하면서 '픽션들의 픽션'이 될 수 있었다.

　하지만 국가라는 거짓말에도 한계가 있다. 국가는 외양과 내면을 가로지는 경계선 위에서 내면의 문제를 완전히 도외시할 수 없었다. 국가는 신앙의 영역을 침범할 수 없었고 사회적 신뢰에 의존해야만 했다. 이는 국가가 단지 공허한 중심에 머무르지 않음을 보여 준다. 국가는 상징인 동시에 행위자다. 따라서 핵심은 정치, 종교, 경제의 분리 그 자체가 아니라, 국가가 무엇을 가시화함으로써 사람들의 믿음을 새로운 픽션의 형태로 재구축할 수 있었느냐다. 정치, 종교, 경제의 경계선 위에서 거짓말 게임의 가능성과 한계는 바로 이 행위자로서 국가의 능력에 달려 있다.

리바이어던은 사람들로 구성된 연합체이지만, 국가는 흔히 그 스스로가 하나의 인격으로 인식된다. 국가는 전쟁을 선포하고, 세금을 걷고, 이런저런 권리를 보호하는 주체이며, 국제사회의 구성원이기도 하다. 재난 현장에서 국가가 어디에 있었는지 묻는 것은 국가가 단지 허구적 픽션만은 아니라는 것을 의미한다. 우리는 분명 국가가 하나의 행위자로서 무언가를 하기를 바란다.

이 사람과 같은 국가는, 리바이어던에서 볼 수 있듯 한 손에는 세속적 권위를 상징하는 검을 들고 다른 한 손에는 종교적 권위를 상징하는 주교의 지팡이를 들고 있다. 이것이 홉스적 국가가 보여 주는 거의 유일한 능동적인 행위다. 하지만 이 행동을 정치와 종교를 다시 결합하는 신정국가의 비전을 암시하는 것으로 해석하기는 어렵다.

앞서 살펴본 것처럼 홉스는 데카르트의 신을 거부함으로써 신을 감각의 세계 너머로 밀어냈다. 이는 신의 목소리를 이 땅에서 대리한다고 주장하던 교회의 정당성을 무너뜨리기 위한 것이었다. 우리가 신을 직접 알 수 없다면 누가 신을 대리한다고 말할 수 있는가? 바로 국가다. 하지만 여기에 제한 조건이 있다. 외양의 문제에 있어서만 그렇다는 것이다. 종교적 권위를 상징하는 주교의 지팡이는 정치와 종교의 재결합을 뜻한다기보다, 신 없는 세계에서 가시적인 신으로 군림하는 국가를 만들어 내는 장치이자 표식이다.

이처럼 근대국가는 내면과 그 외양적 표식을 분리하면서 성립했다. 다시 말해, 개인의 내면적 신념과 공적 질서의 표식은 서로 다른 영역으로 배치되었다. 이것은 오늘날 흔히 종교와 정치의 관계를 규율해 온 이른바 정교분리의 원칙이 그렇게 단순하지 않다는 것을 암시한다. 가령 미국에서는 대통령이 취임 선서를 할 때 성경에 맹세하는 관행을 지속하고 있다.[2] 프랑스처럼 엄격한 세속주의 원칙(laïcité)을 고수하면서 공적 공간에서는 어떠한 종교적 상징도 허락하지 않는 경우가 있는 반면, 캐나다 퀘벡 주에서는 시크교 학생들이 종교적 정체성을 드러내는 단검(키르판)을 소지하도록 허용한다. 영국에는 명시적인 국교가 존재하며 국왕은 국교회의 수장이지만, 종교의 자유가 엄격하게 지켜지고 있다.

정교분리 원칙이 지닌 복잡성은 근대국가가 시민들에게 종교적 신앙이 아닌, 다른 차원의 정치적 충성을 요구한다는 사실에서 비롯된다. 전통적으로 기독교 세계에서 이러한 충성은 '두 개의 왕국'이라는 상상력을 통해 정당화되었다. 즉 '하나님의 도성'과 '세속의 도성'을 구분함으로써 기독교인들은

2　미국의 수정헌법 제1조는 "연방의회는 국교를 정하거나 또는 자유로운 신앙 행위를 금지하는 법률을 제정할 수 없다"고 규정하고 있다.

정치권력에 대한 상대적 충성을 인정하면서도 궁극적인 충성은 신에게만 유보할 수 있었다. 하지만 앞서 살펴본 것처럼, 종교 전쟁은 신의 그림자 아래에서는 세속적 충성심의 안전한 토대를 마련하기 어렵다는 것을 드러냈다.

홉스의 대안은 내면적 믿음과 외양적 표현을 분리하면서, 그것의 방향성을 역전시키는 것이었다. 우리는 어떤 대상에 대한 믿음을 근거로 충성을 표현하고 복종할 수 있다. 하지만 이 방향을 바꿀 수 있다면 어떨까? 무언가에 충성하는 행위를 수행함으로써 믿음을 만들어 낼 수 있다면 말이다.

믿음의 결과로 예배를 행하는 것이 아니라 오히려 예배를 통해 믿음이 생산되는 이 거대한 프로젝트의 핵심은, 신과 국가가 미묘하게 착종되는 지점에서 드러난다. 국가가 신을 대리할 수 있다는 가능성이 전제되어야만, 국가 역시 하나의 픽션으로서 작동할 수 있다.[3] 국가는 신이라는 마스터 픽션을 흉내 내면서 그 자신을 가시성의 세계에 출현시킨다.

국가가 신을 대리한다는 것은 무슨 의미일까? 바로 가시성의 세계 속에 신을 출현시키는 권한이 국가에 전적으로 귀

---

3   홉스가 신조차 인공적으로 만들어진 산물이라고 봤는지는 다소 논쟁적이다. 이 논쟁은 홉스가 정말로 신의 존재를 믿었는지를 둘러싸고 이루어지기도 하지만, 『리바이어던』 해석의 난점과도 관련이 있다. 관련된 논의로는 Arash Abizadeh, "Hobbes's conventionalist theology, the trinity, and God as an artificial person by fiction," *The Historical Journal* 60, no. 4(2017).

속된다는 뜻이다. 이런 이유로 홉스는 종교적 교리에 대한 해석권조차 교회가 아니라 국가가 가져야 한다고 보았다.

홉스는 공적 숭배와 사적 숭배를 명확히 구별하는데, 이는 세속적 충성심이 정치와 종교의 새로운 경계선 위에서 태동할 수 있다는 비전을 보여 준다. 공적 숭배가 반드시 하나의 공개적 형태를 띠어야 하는 까닭은 국가가 하나의 인격을 가지고 있기 때문이다. 그래서 "신에 대한 숭배는 개인적으로 하는 것은 물론, 특히 공개적으로, 그리고 여러 사람들의 눈앞에서 해야 한다."[4] 이 공적 숭배는 내면의 종교적 믿음과 관련이 없다.

무엇을 신에 대한 공경의 표식으로 삼을지를 결정하는 과정이 세속적 관심 속으로 편입되면, 초점은 더 이상 종교 그 자체가 아니라 국가가 공동체를 구성하는 표식들을 동원하는 정치적 능력으로 옮겨진다. 홉스가 기독교의 신과 국가를 나란히 견주며 이러한 이론적 작업을 수행했던 까닭은, 단지 신이 오랫동안 정치사회 질서를 측정하고 정당화하는 마스터 픽션이었기 때문이다. 신은 군주의 권위와 정치사회의 존립 근거를 제공하는 역할을 수행해 왔다. 신이 사라진 세계에서 리바이어던은 새로운 형태의 믿음을 창조하는 예배를 주관한다.

말하자면 '국민 만들기'다. 정치공동체를 누구보다도 상상의 산물로 이해했던 역사학자이자 정치학자 베네딕트 앤더

4   홉스, 앞의 책, 470~471쪽.

슨은 근대적 민족이란 공통된 시간관념과 기억 속에서 상상된 관념이라고 주장했다. 같은 시간대에 같은 언어로 된 같은 신문을 보는 '동시성'의 감각을 공유하는 사람들의 연합체야말로 민족이라는 것이다.[5] 신문을 읽는 반복된 행위가 우리에게 선험적으로는 존재하지 않았던 어떤 사회적 상상을 불러일으키는 것이다. 세계 자체에서 신을 찾고자 했던 헤겔은 조간 신문을 읽는 행위가 근대인에게 '새벽 기도의 대용품'과도 같다고 언급하면서, 근대적 인쇄 자본주의에서 세속화된 공적 예배의 원형을 찾기도 했다.[6] 스마트폰에 갇혀 있는 지금의 감각으로는 낯설지만, 매일매일 소비되어 사라지는 신문을 전 국민이 함께 읽고 있다는 사실을 시각적으로 확인하는 것만큼 홉스가 말한 공적 예배의 모습을 보여 주는 장면도 없을 것이다. 다소 계몽적인 시각을 반영한다면 신문을 읽는 독자야말로 당대에 동등한 시민으로서 자신을 과시할 수 있었다.

이처럼 정치와 종교는 세속적인 형태로 다시 결합한다. 공적 예배를 통해 국가라는 픽션의 기반이 지속적으로 창출되는 것이다. 이처럼 '국민 만들기'는 '국가 만들기'의 과정과 떼어 놓을 수 없으며, 이는 '거짓말'이라는 정치적 능력에 의존하는 기획이다.

---

5   앤더슨, 앞의 책, 48~67쪽.
6   위의 책, 65쪽.

예배의 주관자로서 근대국가의 초기 모습은 어떠했을까? 그 흥미로운 사례로 종교적 지위불안에 시달리던 베버의 청교도들과 국가 사이에서 공적 예배의 주도권을 두고 일어난 갈등을 들 수 있다.

베버에 따르면, 청교도는 금욕주의를 바탕으로 "쾌락의 거리낌 없는 향유"를 배격했다.[7] 그래서 그들은 허황된 것, 불필요한 것, 에로틱한 것, 연극적인 것 등 신의 영광이 아니라 인간의 영광을 위한 것이라는 혐의가 있는 모든 것들을 세상에서 몰아내고 싶어 했다. 그들은 일요일에 모든 오락을 금지시키기도 했다. 반대로 국가는 허황된 것, 불필요한 것, 에로틱한 것, 연극적인 것 등을 싫어하는 청교도의 태도를 싫어했다. 이는 가시성의 세계에서 믿음의 기반이 될 수 있는 것들이 무엇인지 선택할 권한을 국가가 아니라 교회가 갖는 것을 의미했기 때문이다. 게다가 허황된 것, 불필요한 것, 에로틱한 것, 연극적인 것들이야말로 거짓말의 풍요로운 자원이 아니던가.

이에 따라 국가는 일요일(안식일)과 기독교 성일 오후에 국민들이 어떤 스포츠를 즐길 수 있는지를 목록화하는 법령을 반포하고 시행했다. 그리고 점차 교회국가로 발전하고 있던 영국에서는 모든 교구의 설교 시간에 이 법령을 읽도록 강제했다. 이것이 1617년 제임스 1세가 처음 발표하고 이후 1633년

---

7   베버, 앞의 책, 155쪽.

찰스 1세에 의해 강화된 영국의 「스포츠령(the Book of Sports)」
이다. 교회의 행사에 대한 국가의 전면적 개입은, 이교도적 의
례에서 물려받은 스포츠와 오락들이 이미 기독교 성일 체계
안에 자리 잡고 있었다는 사실로부터 비롯되기도 했다. 전통적
으로 풋볼은 '참회 화요일(Shrove Tuesday)'의 스포츠였고, 5월
축제에서는 모리스 춤(Morris dance)이나 메이폴(Maypole)을 세
우는 등의 오락이 열렸으며, 부활절 일요일에는 달리기, 높이
뛰기, 투척 경기와 같은 다양한 야외 스포츠가 진행됐다.[8] 다르
게 말해, 국가는 단지 오락을 장려했던 것이 아니라 공적 예배
의 내용과 형식을 재규정하려고 했다.

거짓말은 사회적 사실에 근거한다

이처럼 국가가 예배를 마음대로 주관한다고 해서 국가가 어떤
제약도 받지 않는 거짓말쟁이가 된다는 것을 의미하지는 않았
다. 국가 역시 아무 이야기나 지어낼 수 없다. 국가/국민 만들
기를 위한 서사는 어느 정도 사회적 및 자연적 사실에 기반해
야만 했다. 홉스 역시 억지로 공경의 표시를 만들 수는 없다는

8   관련된 논의로는 Heasim Sul, "*The King's Book of Sports*: The Nature
of Leisure in Early Modern England," *The International Journal of the
History of Sport*(2000), 17, no.4.

점을 강조하며 국가라는 거짓말의 한계를 지적했다. 곧 정치와 종교의 관계를 재편하는 과정에서도 결정적인 것은 인간적인 표현의 가능성과 한계다.

거짓말 게임이 지닌 사회적 한계는 국가가 개인 믿음의 영역을 함부로 다룰 수 없다는 사실에서 비롯된다. 국가는 공적 예배를 독점했지만 더 이상 개인의 믿음과 양심의 영역으로 침범해 들어갈 수 없게 되었다. 이 규범은 근대 형법 질서의 고문 금지 원칙으로도 이어진다. 국가는 내면의 신념을 강제적으로 가시화하려는 폭력 즉 고문을 포기하고, 대신 외적 행위를 규율하는 방식으로 전환해야 했다.

시민들은 국가 형법으로부터 스스로를 방어하기 위해서 진술을 거부하거나 불리한 진술을 거부할 수 있다. 하지만 허위를 진술할 권리는 없다. 이는 거짓말 게임의 수행성이 내면의 자유에 의존하는 것이 아니라 외양과 내면의 경계선 위에서 이루어지는 것을 잘 보여 준다. 헌법상 사상의 자유가 광범위하게 인정되는 반면 표현의 자유의 범위와 규제에 대해서는 논쟁적인 것 역시 이러한 구조의 영향이다.[9]

9　미국에서는 표현의 자유가 광범위하게 인정된다. 거짓말 게임의 관점에서, 이는 미국이 국교 없이 건국된 드문 서구의 사례에 해당된다는 사실과도 관련이 있다. 미국 수정헌법 제1조는 국교 금지 원칙과 더불어 언론, 출판, 집회의 자유를 함께 묶어서 거론하고 있다. 미국 예외주의의 통념에 따르면 국교 없는 미국은 종파 간 경쟁을 제도화하면서 표현의 자유를 폭넓게 보장하는 방향으로 발전했다. 반대로 근대 유럽에서 태동한 근대국가는 국교의 제도화를 통해 외양의 문

거짓말 게임에서 이 내면의 영역이 곧 '거짓말'의 한계선으로 작용한다. 우리가 누군가에게 거짓말을 하는 상황에서도 이미 공유된 사회적 사실들과 완전히 독립적인 거짓말을 수행할 수는 없다. 다시 「사랑의 이해」의 장면을 떠올려 보면, 수영은 어제 로또 1등에 당첨됐다고 거짓말할 수는 있지만, 상대를 보고 "당신, 사실은 명문대 안 나왔죠?"라고 음모론을 펼칠 수 없다. 국가가 공적 예배의 내용과 형식을 두고 교회와 다툴 때 갑자기 일요일(안식일)은 거짓이라며 폐지할 수 없는 것처럼 말이다.

이처럼 공적 의례를 통해 믿음을 만들기 위해서는 사회적으로 이미 존재하는 믿음에 대한 인정과 동원이 수반되어야 한다. 이어지는 장에서 이러한 '국가/국민 만들기'의 장면을 한국의 최근 사례를 통해 살펴볼 것이다. 그 전에 국가가 사적 신용의 형태로서 발전하고 있던 경제 영역을 어떻게 재편했는지 살펴볼 필요가 있다. 바로 이 경계선 위에서 경제적 (불)평등의 문제에 있어 거짓말 게임의 수행 여부가 결정되기 때문이다. 이는 국가가 경제 영역에서 얼마나 불평등 문제에 개입할 수 있는지와 관련된다. 경제적 문제에 있어서 국가는 얼마만큼의 거짓말을 할 수 있을까?

거짓말 게임의 창시자 마키아벨리는 군주가 자신의 지위

제를 규율하는 거짓말 게임의 특징을 더욱 여실히 보여 준다.

와 국가를 유지하려는 목적을 위해서라면 어떤 거짓말도 할 수 있다고 보았다. 홉스 역시 국가의 거짓말에 특별한 한계를 부여하지 않으려고 노력한 사상가였다. 인간의 감각기관이 지닌 자의적 수용 가능성에 주목한 그는 자연적 사실조차 국가의 주권자가 결정할 필요가 있다고도 생각했다. 홉스의 유명한 경구를 빌리자면, 법을 만드는 것은 진리가 아니라 주권자의 권위다. 가령 누가 남자인지 여자인지 결정하는 것이 주권자의 몫이라면 어떨까? 이는 오늘날 젠더 정체성의 다원성을 둘러싼 논쟁이 거짓말 게임의 일부로 편입될 수 있음을 상기시킨다. 정치적으로 합의된 거짓말은 우리가 자연적인 사실이라 믿었던 것조차 새로운 믿음의 체계로 재편할 수 있는 것이다.[10]

하지만 이와 달리 거짓말을 무엇보다도 경계했던 동시대인도 있었다. 그는 거짓말이 결코 침범할 수 없는 내면의 영역이야말로 국가에 맞설 수 있는 최후의 진실이 될 수 있다고 굳게 믿었다. 바로 정치사상가 존 로크다. 그에게 경제는 거짓말이 용인되지 않는 진실의 영역이었다. 특히 돈은 거짓말의 대상이 될 수 없다. 그는 화폐를 국가에 대항하는, 즉 거짓말 게

10 영국 대법원은 2025년 4월 16일, 2010년 제정된 평등법이 정의하는 '여성'은 생물학적 여성을 의미한다고 결론 내렸다. 이 판결의 취지와 별개로 영국은 2004년 성별인정법을 제정하여 성별 변경 절차를 규정하고 있다. 이와 달리 미국 트럼프 행정부는 2025년 1월 20일 행정 명령을 통해 미국 정부는 공식적으로 여성과 남성 두 가지 성별만을 인정한다고 선언했다.

임의 자연적 한계로 이해했다. 하지만 로크의 논의 가운데에서도 거짓말 게임의 일부로 편입될 수 있는 화폐의 성질이 드러난다.

화폐: 거짓말, 자연물

로크는 화폐를 정치 영역 밖에 놓인 하나의 자연적 상품처럼 간주했다. 화폐는 로크의 소유 이론이 전개되는 과정 중에 자연에서 우연히 등장한 산물처럼 보인다.

로크의 소유 이론의 대략적인 개요는 다음과 같다. 인간은 자기 자신에 대한 소유권자다. 이러한 공리에 기초해 신이 인류에게 준 공유물 또한 개인의 소유가 될 가능성이 열린다. 나 자신은 나의 소유이므로 나의 노동 또한 나의 것이다, 그러므로 공유물에 내 노동력을 섞으면 그것은 개인 소유로 전환될 수 있다. "자연이 제공하고 그 안에 놓아 둔 것을 그 상태에서 꺼내어 거기에 자신의 노동을 섞고 무언가 그 자신의 것을 보태면, 그럼으로로써 그것은 그의 소유가 된다."[11] '노동가치설'의 원조라고 할 수 있는 이러한 로크의 소유 이론은 사유재산의 철학적 정당화를 시도한 것으로서, 스미스를 위시한 고전파 경

11　존 로크, 강정인·문지영 옮김, 『통치론』(까치, 2013), 35쪽.

제학과 마르크스 경제학 모두에 큰 영향을 끼쳤다.

여기서 스미스의 '현명한 사람'과 '연약한 사람' 사이의 구분을 잠깐 다시 떠올려 보자. 스미스는 연약한 인간의 이기심이 보이지 않는 손을 통해 사회 전체의 부를 증진시킨다고 설명했지만, 동시에 이러한 인간이 인정과 평판의 욕망에 매여 탈출구 없는 세계에 갇혀 있음을 보여 주기도 했다. 물론 인간이 조금이라도 현명하다면, 사회적 부의 증대는 임금을 상승시키고 생필품의 가격을 떨어뜨려 대다수의 사람들이 생필품을 소비하는 데에 만족하는 풍요로운 사회를 낳을 것이다. 아무리 부자라도 생필품을 소비하는 데에는 한계가 있기 때문이다.

이와 유사하게 로크는 물건이 썩어 없어지지 않는 만큼만 소유가 정당화된다고 주장했다. "그리하여 한 인간이 자신의 근면으로 그 풍성함의 일부분을 차지하더라도 다른 사람에게 손해가 될 정도로 그것을 독점하는 경우란 거의 없었다."[12] 물건을 부패시키는 것은 자연법 위반으로 처벌받을 수 있었다.

하지만 이러한 낙관적인 세계에서도 곧 문제가 발생했다.

12　위의 책, 38쪽. 로크의 소유이론이 갖는 이러한 낙관주의는 아메리카 신대륙의 발견과 식민지 개척이라는 역사적 과정과도 관련이 있다. 로크는 아메리카의 토지 상태와 영국의 토지 상태를 비교하면서, 토지가 아니라 노동의 가치를 강조한다. 광활한 토지의 발견은 정치적 갈등이 자원의 희소성에서 비롯된다는 생각을 변화시켰던 것이다. 루소는 자신의 땅에 울타리를 쳐서 소유를 구분한 사람이야말로 문명의 창시자라고 이야기했지만, 이 문명의 창시자를 사기꾼이라고 부르면서 불평등한 사회를 야기한 주범이라는 사실을 명확히 했다. 루소, 앞의 책, 78쪽.

"마모되거나 썩지 않고 지속하는 황금색의 작은 금속 조각이 커다란 고기 덩어리 또는 곡물 한 더미만큼 가치를 가진다고 인간이 합의"했기 때문이다.[13] 바로 화폐가 등장한 것이다. 소유이론과 자연법에 따라 로크는 화폐의 등장을 비난했어야 하지 않을까? 그렇지만 로크는 이러한 계기를 인간적 합의로 이해하면서 담담한 어조로 소유 이론을 확장시키고 있다.

그런 식으로 화폐의 사용이 시작되었다. 화폐는 인간이 상하지 않고 보관할 수 있는 것으로서, 인간은 상호간 합의를 통해서 참으로 유용하지만 썩기 쉬운 생활용품과 교환하여 화폐를 받게 되었다. 근면함의 상이한 정도에 따라 사람들이 상이한 비율의 재산을 가지는 것처럼, 이 같은 화폐의 발명은 사람들에게 재산을 지속적으로 확장할 수 있는 기회를 제공하였다.[14]

화폐는 노동의 연장인 동시에 부패하지 않는 특성으로 자연법 테스트를 가뿐히 통과해 버렸다. 이를 통해 로크는 노동을 통해 자연을 변형한 것뿐만 아니라 화폐를 이용해 확장할 수 있는 모든 것을 소유로 인정함으로써 교환 행위와 화폐 축적을 정당화했다. 다르게 말하면, 로크에게 화폐는 물물교환의

13   로크, 앞의 책, 42쪽
14   위의 책, 52쪽.

연장선상에서 등장한 우연한 계기일 뿐이다.

화폐 축적을 통해 형성된 소유는 이제 자연법의 일부가 되었고 국가는 자연법을 더욱 잘 보호하기 위해 필요해졌다. 로크에게 국가란 재산을 보존하며 규율하고, 증식시키기 위한 것이었다.[15] 로크적 국가는 "집 없는 자들이 필사적으로 세운 피난처라기보다는 이미 집을 가진 자들을 위해 세워진 더 나은 거처"였다.[16] 이처럼 소유하는 인간으로서 로크적 인간은 자기 자신을 소유한 것과 같은 방식으로 재산을 소유한다.

하지만 로크에게 화폐는 단순히 자연물만은 아니었다. 로크는 자연상태와 정치 사회 사이에 남몰래 또 다른 사회를 하나 끼워 넣었다. 화폐를 사용하기로 한 합의가 사람들 사이에서 일어났다는 사실을 언급한 것이다. 정치 사회의 구성을 엄격한 협정으로 이해한 것과 달리 화폐에 대해서는 단지 동의라는 용어만 사용하고 있지만, 로크는 분명 화폐가 사회적으로 공유된 믿음의 산물임을 인정하고 있다. 말하자면 여기서 로크는 정치사회(국가) 이전의 사회를 발견하고 있다.

이처럼 로크는 인간들의 자연상태가 명시적인 정치공동체로 이행하기 이전에 화폐에 대한 모종의 합의가 선행되었다고 주장한다. 로크의 이러한 관점은 불평등이 인위적 산물임을

---

15   위의 책, 9쪽, 120쪽; 존 로크, 공진성 옮김, 『관용에 관한 편지』(책세상, 2021), 24쪽.
16   셸던 월린, 강정인·이지윤 옮김, 『정치와 비전 2』, 182쪽.

인식함과 동시에 그것을 전(前) 정치적인 형태로 규정하려는 의식적 노력처럼 보인다. 로크에게 화폐는 동의의 결과이지만 협약의 산물은 아닌 키메라적인 존재다. 국가를 비롯한 사회를 협약의 산물로 이해한 로크는 화폐를 국가로부터 보호하기 위해 바로 그와 같은 '협약' 밖에 존재하는 어떤 것으로서 화폐를 이해할 필요가 있었다.

보이지 않는 화폐

로크가 화폐를 동의의 산물이라고 이해하면서도 귀금속의 일종으로 이해한 것은 재산권을 보호하는 데에 강력한 논리로 작동한다. 돈이 귀금속이라면 국가(군주)가 마음대로 화폐의 가치를 결정할 수 없기 때문이다. 가치는 자연에서 나온다. 오늘날 국가들의 주권 화폐 밖에 존재하려고 하는 가상 화폐가 가상임에도 '채굴'이라는 자연적 은유를 사용하는 것도 같은 논리를 반영하고 있다.

　하지만 실제 화폐는 그것이 귀금속이 아니라는 이유로 오히려 국가로부터 안전한 재산임을 증명해 보이며 발전했다. 그것은 본질적으로 화폐가 귀금속이 아니라 신용 관계의 산물이었기 때문이다. 여기서 화폐는 정당한 소유라는 관점에서 보호되는 것이 아니라 정말로 '보이지 않기 때문에' 보호될 수 있다.

과시적 인간들 사이에서 상징적 군주의 역할에 주목했던 몽테스키외가 환어음의 중요성을 강조한 대목은 이러한 관점을 선명하게 보여 준다.

학대와 절망 한가운데에서 상업이 솟아나왔다. 각국에서 차례로 추방된 유대인은 자신의 동산을 지키는 방법을 찾아냈다. (……) 그들은 환어음을 발명했다. 그리고 이 방법에 의해 상업은 폭력을 모면하고 어디서나 유지될 수 있었다. 가장 부유한 상인이 가지고 있는 것은 **눈에 보이지 않는 재산**뿐이었는데, 그 재산은 어디든 보낼 수 있고 아무런 흔적을 남기지 않았기 때문이다. (……) 군주들의 탐욕으로 인해 상업을 그들의 권력이 닿지 않는 곳에 두는 방법이 확립되었다.[17]

여기서 '눈에 보이지 않는 재산'으로 지목된 환어음은 중세와 근대 초기에 상인 네트워크에서 발전시킨 것으로, 장거리 결제를 보다 안전하고 효율적으로 처리하기 위해 지급에 대한 약속을 문서화한 것이다. 이러한 종류의 약속 어음은 귀금속 통화로 상환되지 않은 채 화폐처럼 유통되었다.[18] 화폐는 종이

---

17   몽테스키외, 『법의 정신 2』, 246~247쪽 [21. 20]. 여기서 몽테스키외는 군주의 탐욕적인 통치를 마키아벨리즘과 등치시키는 데에 주저함이 없었다.

18   제프리 잉햄, 방현철·변제호 옮김, 『머니: 화폐 이데올로기·역사·정치』(이콘, 2022), 47쪽.

나 금속과 같은 물질이 아니라 보이지 않는 신뢰와 약속의 산물이었다는 점에서 국가의 통치 범위 밖에 존재할 수 있었던 것이다.

사인들 간에 채권-채무 관계에서 발생한 신용을 국가가 훔쳐갈 수 있을까? 그러한 기록을 담은 장부를 가져간다고 하더라도 국가는 사회로부터 화폐를 수탈할 수 없을 것이다. 이는 오늘날 비트코인의 탈중앙성이 지향하는 정치적 의도와도 부합한다.

화폐는 상품이 아니라 신용(부채)의 일종이다. 중세와 근대 초기의 은행은 상인들의 어음을 관리하며 자신들이 발행하는 은행권을 약속 어음의 형태로 유통시켰다. 은행은 금고에 쌓아 둔 지폐와 주화로써 대출을 실행한 것이 아니었다. 예금은 은행 장부상의 표기일 뿐이며, 은행에 계좌를 개설한 사람은 예금을 바탕으로 은행으로부터 은행의 채무 증서인 은행권을 인출한다. 사회에서 이러한 은행권이 유통될 수 있는 이유 역시 채권-채무 관계에서 이 은행권을 통해 채무를 청산할 수 있다는 약속에 근거한다. 화폐는 귀금속이 아니라 사인 간의 신용 관계를 계산하는 허구적인 표식인 셈이다. 사람들은 상품 교환의 마지막 단계에 이르러 서로의 채권-채무 관계를 이 허구적 증표로 청산할 수 있었다. 신용으로서의 화폐는 채권-채무 관계를 청산할 수 있는 수단인 것이다.

그런데 채권-채무 관계의 청산권으로 화폐의 본질은 사

적인 것이라기보다는 공적인 것이었다. 채권-채무 관계를 궁극적으로 청산할 수 있는 권능은 국가가 가진 것으로 이해되어 왔기 때문이다. 여기에는 화폐가 국가 주권이 창조할 수 있는 허구라는 관념이 반영되어 있다. 국가에 의해 계산 화폐가 무엇인지 규정될 때 비로소 상품 교환뿐만 아니라 채무의 청산이 가능하다는 것이다. 사적 행위자는 신용에 근거해 어떤 종류의 화폐든 발행할 수 있지만, 조세 채무의 청산 수단인 계산 화폐야말로 가장 보편적으로 수용 가능한 화폐다. 모든 시민들은 일정한 납세 의무가 있다는 점에서, 가장 많은 사람들이 국가에 대해 채무를 지고 있다고 볼 수 있기 때문이다. 이때 계산 화폐는 실제 화폐로 사용되는 물건과 구별되는 허구적 가치 척도다.

계산 화폐의 대표적인 사례는 신성로마제국 카롤루스 대제의 주화 개혁이다. 이 개혁은 특정한 물질적 화폐를 주조하는 것이 아니라 상상 속의 계산 화폐를 창조함으로써 이루어졌다. 다양한 주화들을 이 계산 화폐와의 교환 비율에 묶어 두는 방식이었다.[19] 사람들은 국가가 설정한 가치의 비율에 근거해 경제적 활동을 영위했던 것이다. 말하자면 화폐는 국가라는 픽션에 의존하는 픽션이었다. 몽테스키외 역시 화폐를 현실적 화폐와 관념적 화폐로 구분했는데, 관념적 화폐를 설명하면서

19   위의 책, 55쪽.

그는 거짓말의 의미를 환기시켰다. "현실적 화폐는 어떤 금속의 일정한 무게와 함유량이었다. 그러나 기만 또는 필요에 의해 화폐의 각 동전에서 금속의 일부를 떼어 낸 채 같은 명칭을 남겨 둔다."[20]

화폐가 일종의 거짓말이라는 사실은 가치의 수단으로서 화폐는 분명 보이지 않는 관념이지만, 국가에 의해서 가시화될 때에만 화폐가 될 수 있었다는 말이기도 하다. 그래서 명목화폐 또는 법정 화폐를 뜻하는 'fiat currency'의 명령(fiat)이라는 단어는 신과 같은 권위자가 무언가를 창조하는 힘이라는 의미를 내포한다.[21] 실제로 고대 로마에서는 계급 갈등으로 비화되는 채권-채무 관계를 조정하기 위해 화폐를 발행하고 채무자들에게 무이자로 빌려주기도 했다.[22] 로크의 주장과 달리 화폐에도 국가의 '거짓말'은 작동하고 있었다.

하지만 근대국가는 화폐라는 픽션을 통해 채권-채무 관계를 조정하고 최종적으로 청산하는 권능한 존재만은 아니었다. 전쟁 기계로서의 근대국가는 전쟁을 수행하기 위해 끊임없

20   몽테스키외, 앞의 책, 263~264쪽 [22-3]. 하지만 몽테스키외는 관념적 화폐를 폐해로 규정하고 그것을 막는 법이 곧 좋은 법이라고 말했다.

21   홉스는 금과 은의 가치를 강조하면서도 화폐가 "코먼웰스의 주권자가 어떤 물질로 주조하든 상관없이 그 코먼웰스의 백성들 간에는 모든 것의 가치를 측정하는 충분한 척도"라고 말했다. 홉스, 앞의 책, 332쪽.

22   김종철, 「"자본주의 화폐(money)의 본질과 기원"에 대한 정치학적 설명」, 《국제정치학논총》 제55집(2015), 167~168쪽.

이 돈이 필요했던 채무자였다.[23] 마키아벨리의 군주들은 거짓
말을 밥 먹듯이 할 때조차도 돈에 있어서는 거짓말을 할 수 없
었다. 돈을 마구 찍어 낸다면 화폐의 가치는 하락할 것이다. 이
는 사람들의 믿음 속에서 형성된 신용 질서를 망가뜨리는 것
이다. 마찬가지로 채권자로서 부상한 부르주아 계급의 금융가
들은 국가와의 채권-채무 관계가 신뢰에 기반하길 바랐다. 자
신의 돈을 잃지 않기 위해서다. 화폐는 국가적 픽션에 의존함
과 동시에 그 한계선으로 작용했다.

　1672년 영국의 찰스 2세가 상인들로부터 빌린 돈의 상환
을 일방적으로 거부하며 채무 불이행을 선언한 사건은 결정적
인 전환점을 마련했다. 스튜어트 왕조의 전횡에 대한 반발로
촉발된 1688년 명예혁명은 공교롭게도 신용 화폐를 둘러싼 사
회적 타협을 성취하는 계기가 되었다. 의회가 네덜란드에서 들
여온 것은 단지 새로운 군주(오라네 공, 훗날 윌리엄 3세)뿐만이
아니었다. 함께 수입된 네덜란드 은행 모델을 토대로, 국왕은
부르주아 금융 자본에 의존해야 한다는 헌법적 합의가 제도화

23　근대국가가 전쟁-재정 국가였다는 탁월한 분석에 대해서는 찰스 틸리, 『유럽국
민국가의 계보: 990년~1992년』(그린비, 2018)을 참고할 수 있다. 틸리는 이 책
을 통해 자본적 착취를 상징하는 '도시'와 강제적 지배를 상징하는 '국가'가 결
합하는 다양한 방식들을 보여 주며, 이를 강제집중형, 자본집중형, 자본화된 강
제라는 이념형으로 분류한다. 이때 자본화된 강제란 자본가와 자본의 원천을 국
가 구조에 직접 병합하는 시스템을 일컫는다. 이 글에서 다루고 있는 국가와 사
회를 매개하는 화폐의 성격 역시 바로 이러한 시스템의 산물이라고 할 수 있다.

되었고, 이는 곧 근대 재정 국가의 초석을 이루었다.

오늘날 중앙은행의 기원이 된 영란은행은 상인들이 제공한 120만 파운드를 기반으로 설립되었으며, 이는 전쟁을 수행하는 국가에 8퍼센트의 이자로 대부되었다. 군주의 빚은 갚을 필요가 없는 영구 국채의 형태로 전환되었고, 상인들의 장기적 이익은 안정적으로 보장되었다. 의회라는 대의제 기구를 통해 군주의 빚은 이제 국가 채무라는 성격을 띠게 되었다. 이 타협을 통해 군주의 디폴트 선언으로 인한 사회적 신용 붕괴, 전쟁 수행에 따른 재정 적자, 그리고 조세 징수의 한계 같은 문제들이 해소될 수 있었다.

화폐를 매개로 한 국가와 사회의 타협이 성사되자, 은행은 국가의 상환 약속을 바탕으로 똑같은 규모의 120만 파운드의 은행권을 민간에 대출했다.[24] 오늘날 우리가 사용하는 화폐 역시 대체로 이와 같은 은행권에 의존하고 있다. 흔히 은행권을 통한 신용 창출은 값싼 금속을 금으로 바꾸는 연금술에 비유된다. 이러한 마법을 통해, 중세유럽에 발전한 상업 네트워크의 관행, 즉 "언제든 깨질 수 있는 인격적 신뢰"가 "국가 권위라는 비인격적 신뢰"로 대체된 것이었다.[25]

한편 국가 주권과 은행 시스템의 화폐적 결합은, 금융을

---

24 잉햄, 앞의 책, 114쪽.
25 위의 책, 58쪽.

중심으로 한 '자유 시장'이 새로운 종교로 자리잡을 가능성을 열어 주었다. 보이지 않는 금융 상품의 연쇄고리, 그리고 시장이 사회와는 독립된 자기 조정의 메커니즘을 지녔다는 믿음은 리바이어던이 가시성의 세계를 장악하는 데에 실패하고 있는 대표적인 사례다.[26]

경제적 불평등과 거짓말

국가와 사회를 매개하는 화폐는 거짓말 게임에 어떤 의미가 있을까? 오늘날 주요 국가들은 직접 화폐를 발행할 수 있음에도 불구하고 국가에 대한 사회적 신뢰를 깨뜨리지 않기 위해 중앙은행을 통해서만 화폐를 발행한다. 재정 적자를 메우기 위한 국채 발행은 공개적인 금융 시장을 통해서 이루어져야 한다는 원칙 또한 확립되어 있다. 국가 재정을 투명하게 관리하기 위해서다. 국가가 화폐라는 픽션을 창조하는 행위를 지속하기 위해서, 다르게 말하면 화폐에 있어서 거짓말을 수행하기 위해서는 사회적 진실에 토대를 두어야 한다는 뜻이다. 주권 화폐가 신뢰를 잃어버리면 국가 주권 역시 지탱될 수 없다. 경

26   시장이 공동체로서의 사회와 독립되어 자기 조정 메커니즘을 지니게 된 과정을 비판적으로 재검토한 대표적인 연구로는 칼 폴라니, 홍기빈 옮김, 『거대한 전환: 우리 시대의 정치·경제적 기원』(길, 2024)이 있다.

제적 문제에 있어서 거짓말의 한계 설정이다.

화폐 질서에 개입할 수 있는 국가의 능력은 본질적으로 제한되어 있으며, 이는 경제적 불평등이 국가의 힘만으로는 결코 해소될 수 없음을 의미한다. 국가는 화폐 질서 앞에서 완전한 거짓말쟁이가 될 수 없다. 국가를 통해 완전한 평등주의를 실현하려는 모든 시도가 번번이 실패해 온 이유 역시 국가라는 픽션이 지닌 고유한 성격에 기인한다. 그럼에도 이러한 한계는 역설적으로 경제적 불평등과 정치적 동등성의 문제를 이해하기 위해서 다시금 거짓말 게임을 상기할 필요가 있다는 점을 보여 준다. 국가란 결국 거짓말의 게임으로서 그 허구를 함께 연기하는 우리 모두의 집합적 퍼포먼스라는 사실 말이다.

사회적 우열을 드러내는 표식을 완전히 지운 채 우리가 진정으로 동등한 존재로 만날 수 있을까? 동일한 형태의 모자를 썼다 하더라도, 그 미묘한 재질이나 유행의 차이가 계급을 드러내고 만다면 어떨까? 그러나 외양과 내면의 경계에서 거짓말을 통해 스스로를 창조하려는 행위자로서 국가의 분투를 떠올려 보면, 시민 개인 역시 그러한 노력을 기울이지 않을 수 없음을 알게 된다. 오히려 거짓말을 함부로 할 수 없다는 데에 정치적 능력으로서 거짓말 수행의 어려움이 있다. 리바이어던 앞에서 모자를 벗지 않는 능동적 행위가 갖는 중요성 역시 이 맥락에서 새롭게 드러난다. 그렇다면 우리는 어떤 형태의 공적 예배를 다시 회복할 수 있을까? 결국 극장국가 안에서 시민 각

자가 수행하는 연기야말로 거짓말의 게임을 가능하게 하는 분
투가 될 것이다. 다음 장에서 살펴볼 비상계엄 사태 속에서 한
국이라는 국가가 보여 준 집합적 퍼포먼스가 그 사례다.

6장 극장국가 한국

2024년 12월 3일 저녁 대한민국의 대통령은 느닷없이 대국민 담화를 통해 비상계엄을 선포했다. 무심코 리모컨을 만지작거리며 티비를 켰을 때 화면 속에 조악한 모양새로 앉아 있는 대통령이 보였고, 그 밑으로 '비상계엄선포'라는 자막이 떠 있었다. 멍하게 화면을 쳐다보다가 정신을 차렸을 때, 대통령은 정적들의 '반국가 행위'를 규탄하는 거친 말들을 쏟아내고 있었다.

이 초현실적인 장면을 납득하기 어려워하던 순간, 대통령이 "망국의 원흉 반국가 세력을 반드시 척결하겠습니다!"라고 외쳤고, 그제야 나는 그동안 그의 발언과 행적들을 코미디로 바라보던 것이 얼마나 순진한 착각이었는지 실감했다.

'국가비상사태'는 저출산고령사회위원회에 참석한 대통령의 선언이기도 했다. 아이를 잘 낳지 않으니 그만한 비상사태가 없다는 수사였다. 이 거대한 정치적 선언과 저출산이라는 사회적 현실 사이에는 깊은 간극이 놓여 있었다는 점에서, 당시 나는 국가의 실패를 유려하게 보여 주는 봉준호 감독의 영화 「살인의 추억」(2003)을 떠올렸다.

영화는 연쇄 살인범을 추적하는 국가를 코미디로 풀어낸다. 강력한 국가의 모습은 배경으로 잠깐씩 스쳐 지나갈 뿐 정작 공권력은 무기력하다. "감식반 올 때까지 전부 움직이지 마!"라는 형사의 외침에도 살인 사건 현장은 끝내 보존되지 못한다. 누구도 형사의 말을 듣지 않는다. 범죄 현장인 논두렁에서 형사들은 자꾸 미끄러져 굴러떨어진다. 논두렁에 뒤엉킨 사람들이 슬로모션으로 연출될 때, 국민을 안전하게 보호해야 할 책무가 있는 국가는 한 편의 희극으로 전락한다. "국민 여러분, 여기는 민방위 재난 통제 본부입니다. 훈련 공습경보를 발령합니다. 지하 대피 시설로 안전하게 대피하시고……." 가상의 국가비상사태에서 여성들은 계속해서 주검으로 발견된다.

하지만 정치 언어가 공허하게 과장되는 순간, 국가는 남몰래 희극에서 비극으로 자신의 장르를 전환한다. 바로 이 장르 전환의 순간에 국가라는 연극은 현실의 폭력과 조우한다. 허위 자백을 강요받아 살인 피의자로 몰렸던 광호의 진술에서 형사들은 뒤늦게 결백을 눈치챈다. 그리고 그 순간 영화는 국가 폭력의 대리자와 피해자 모두를 비극 속으로 떨어뜨린다. 또 다른 형사 용구는 광호가 휘두른 각목에 꽂힌 작은 못에 파상풍이 걸려 다리를 자르게 된다. 무고한 시민들을 수없이 구타했던 바로 그 다리다. 광호는 이유 없이 달리는 기차에 생명을 잃지만 정작 그의 피는 형사 두만의 손에 묻어 있다.

공허한 비상사태를 남발하던 국가는 이제 정말로 비상사태를 불러일으키는 주범처럼 보인다. 진부한 말들 사이로 미끄러지는 국가가 픽션과 현실 사이에서 우왕좌왕할 때, 시민의 생명까지 앗아 가는 진짜 괴물이 되는지 모른다. 하지만 나는 희극에서 비극으로 장르를 전환하는 국가의 비상사태를 정말로 현실에서 마주할 줄은 결코 몰랐다.

공허한 말과 날것의 폭력 사이에서 정치라는 극장을 온전히 유지할 수 있을까? 한국이라는 극장국가에서 일어난 진짜 국가비상사태는 이 질문을 우리에게 던지고 있다.

우파 운동의 아이콘이 된 대통령

영화 속 형사들과 달리, 내가 살고 있는 현실 속 국가의 대리자는 아무리 미끄러질지언정 만만한 존재가 아니었다. 비상계엄을 선포하는 대국민담화는 대한민국, 자유민주주의, 헌법 가치를 이야기했지만 그 말들이 지시하는 바가 지나치게 모호한 반면, 척결의 대상은 오히려 명확해 보였다. 그렇게 미끄러진 말들은 국회의 해제 요구라는 명확한 말에 의해 제지되었고, 윤석열 대통령은 결국 이듬해 헌법재판소의 판결(2024헌나8)에 의해 대통령직을 상실하게 되었다.

이 사태는 현실의 국가 권력이 비상사태라는 것을 단지

선언함으로써 현실을 그야말로 비상으로 만들어 낼 수 있다는 점을 분명히 보여 준다. 통치의 언어가 지닌 힘이다. 그 선언에 따라 군대가 '합법적으로' 동원됐다.

대국민담화를 본 직후 우연히도 갑자기 인터넷 신호가 끊겼는데, 그 상황조차도 비상사태의 일부인 것처럼 느껴지기도 했다. 비상사태라는 선언은 금세 마음까지 장악했던 것이다. 대통령의 말은 우스웠지만 전혀 우습지 않았다. 하지만 그는 영화 속의 형사들과는 전혀 다른 모습을 연출하면서 장르적 혼란을 일으키는 데에 성공했다. 그의 다리는 멀쩡했는지 파면된 이후 사저로 당당히 걸어 들어가면서 지지자들에게 이렇게 말했다. "다 이기고 돌아온 거니까 걱정 마세요."

이것은 그저 자아도취이거나 정신승리에 불과할까? 탄핵국면에서의 이 말은 현실 정치에서도 일말의 힘을 발휘하는 듯 보였다. 검찰총장에서 곧장 대통령에 당선되었던 그는 실제로 행사할 수 있는 권한에 비해 정치적 상징자본이 취약한 것으로 여겨졌으나, 비상계엄과 탄핵국면을 계기로 보수정당의 기반을 단숨에 장악하고 우파 운동의 아이콘으로 떠올랐다.

현직 대통령에게 내란 혐의로 구속영장이 발부되자 그의 지지자들은 법원을 공격했다. 평범한 시민들이 사법부의 권위를 무너뜨리려고 시도할 수 있었던 것은, 대통령이 부정선거론을 환기하며 대한민국의 입법부와 사법부 일부가 부패했다고 그들이 믿게 되었기 때문일 것이다. 이와 달리 윤석열 대통령의 비판자들은 그에 대한 사법 처리가 미진할 때마다 사법부의 일부가 부패했다는 주장을 펼쳤다. '보이지 않는 국가'가 도처에 있다. 트럼프의 극장과 유사한 방식으로, 폭력은 국가와 사회라는 경계선에 위치한 것이 아니라 국가가 설정한 믿음과 행위의 경계면을 따라 흐른다.

공허한 중심으로 과시되는 국가는 가시성의 세계에 포획된 근대적 개인들을 동등한 시민의 지위로 이미지화한다. '국가-대표자-국민'의 관계에서 대표자는 국가가 가면을 쓴 존재라는 것을 암시한다. 발리섬의 극장국가에서와 마찬가지로 왕이 자신의 인격을 지우고 표의문자가 될 수 있을 때, 홉스적 국가의 비전은 실현된다. 이러한 가면의 정치는 국가가 배우이자 행위자로서 거짓말을 수행하는 공간을 열어 준다.

트럼프의 극장은 거짓말 게임을 수행하는 국가의 극장을 뒤집어 놓은 모양을 하고 있었다. 트럼프는 자신의 위대한 지위와 다시 위대해질 미국의 지위를 연결함으로써, 자신의 거짓말을 믿는 지지자들의 하락하는 지위를 보상한다. 이는 국가를 중심으로 한 동등성을 보여 주기보다 오히려 과시의 대행 구조를 재생산한다. 그렇다면 현재 한국에서의 거짓말 게임은 어떤 모습을 하고 있을까? 이를 위해 비상계엄사태를 극장국가의 한 사례로 해석해 보자.

윤석열의 극장, 헌법재판소의 극장

2025년 4월 4일 11시 22분, 헌법재판소에 의해 파면됨으로써 대통령 윤석열의 비상계엄 극장은 성공적으로 중지되었을까? 헌법재판소는 대통령이 "현저하게 자의적이고 비합리적인" 판단에 의거해 계엄 선포권과 국군통수권을 남용했다고 판단했다. 국가의 물리적 강제력 행사는 정당성에 기반해야 한다는 이러한 판단은 다분히 베버적 국가 개념에 의존하고 있다.

베버는 이와 같은 합법적 정당성을 '합리적으로 제정된 규칙이 정하는 객관적 권한의 타당성에 대한 믿음'이라고 규정했다.[1] 비상계엄은 분명 헌법과 법률을 위배한 권한 남용이었다. 하지만 '다 이기고 돌아온' 그의 그림자는 한국 정치에 오래도록 그림자를 드리울 것 같다. 12·3 비상계엄이 극장국가의 면모를 지니고 있다면, 국가의 물리적 강제력 행사가 정당하지 않았다고 판단하는 것으로 이 사태는 종결되지 않는다. 윤석열 대통령 파면으로 촉발된 대선 캠페인 과정에서 국민의힘 김문수 후보는 헌법재판소의 탄핵 심판이 만장일치였다는 점을 문제 삼으며 비민주적인 공산 국가에서나 있을법한 일이라고 비판했다. 계엄사태를 떠받치고 있는 정념이 단순히 법적인 조치로 해소될 수 없다는 것을 보여 주는 발언이었다.[2]

1   막스 베버, 전성우 옮김, 『직업으로서의 정치』(나남, 2020), 32쪽.

윤석열의 '정치적인 주장'과 헌법재판소의 '규범적 판단' 사이의 이분법적인 경계는 가시성의 정치적 세계에서 명료하게 유지될 수 없다. 법이 정치를 규범적으로 판단해야 한다는 논리조차 누군가에게는 사법의 정치화로 비칠 수 있기 때문이다. 실제로 한편에서는 정치에서 해결되지 못한 문제들을 사법의 판단에 맡기는 '정치의 사법화'가 만연하고, 다른 한편으로는 마음에 들지 않는 판결이 나오는 즉시 '사법의 정치화'로 낙인 찍어 버린다. 정치와 법의 경계를 형식적으로 이해하면 오히려 우리가 정치공동체를 유지하며 살아가는 목적은 사라지고 만다. 이 형식 논리를 넘어서는 방법은 무엇일까?

헌법재판소의 탄핵 심판을 베버적 관점을 넘어서는 극장국가의 맥락에서 새롭게 해석해 보자. 윤석열의 극장을 극장국가 한국이라는 보다 큰 무대에서 바라보면 어떨까? 나는 헌법재판소의 판결이 만장일치로 이루어진 데에 주목했다. 이는 리바이어던의 '가상적 일치성'으로 이해될 수 있기 때문이다. 만장일치의 판결은 헌법재판소가 윤석열의 극장을 베버적 관점에서 판단함과 동시에 거짓말 게임의 형식 속에서 스스로 극장국가를 연출하려고 시도했음을 보여 준다.

2   하지만 이러한 정념은 단지 윤석열 대통령의 탄핵에 반대했던 사람들 사이에서만 드러난 것은 아니었다. 헌법재판소의 심판이 지연되자 탄핵에 찬성했던 사람들조차 헌법재판소가 가진 권위에 의심을 품었으며, 심판의 결과가 '내 생각과 달라도 수용하겠다'는 여론은 점차 줄어들었다.

정치가 가시성의 세계에서 이루어지는 거짓말 게임, 즉 지위경쟁의 일종이라면, 우리는 계엄 사태를 떠받치고 있는 사람들의 상승 또는 하락하는 지위가 국가라는 지위 표상과 맺는 관계에 주목해야 한다. 이때 정치 지도자가 연출하는 드라마의 정동은 각자의 고유한 믿음을 가시성의 세계에서 이루어지는 분투의 장으로 옮겨 놓는다. 누군가에게는 사법의 독립이라는 문제가 또 다른 누군가에게는 사법농단으로 보일 수 있다. 비상계엄이 누군가에게는 구국의 결단으로 이해되는 것처럼 말이다. 우리가 동일한 것을 과시하고 보지 못한다면, 정치와 법의 언어들은 누군가의 지위를 보장하기 위한 교묘한 수단으로 전락할 가능성이 상존한다. 내 지위를 보상해 줄 것 같은 새로운 서사에 과시 대행자들은 언제든 참여할 준비가 되어 있기 때문이다.

탄핵 심판이 완료된 지금, 우리의 과제는 권력의 과시적 행태를 동등한 지위를 위한 '거짓말 게임'으로 돌려놓는 것이다. 이를 위해 물리적 강제력이라는 국가의 현실적 면모가 극장국가와 연결되는 지점을 한국의 상황 속에서 탐구해 볼 필요가 있다.

비상계엄이라는 이중플레이

국가를 정당성의 차원에서 이해한 베버는 국가라는 정치적 조직체가 거의 모든 업무를 수행할 수 있기 때문에, 국가를 정의할 수 있는 것은 그 '업무'가 아니라 고유하고 특수한 '수단'이라고 보았다. 그 수단이 바로 물리적 강제력이다.[3] 어떤 점에서 대한민국 헌법의 계엄 조항은 베버적 국가를 가장 선명하게 보여 주는 사례일 것이다. 헌법에 따라 대한민국 대통령은 국가비상사태에 병력을 동원하는 계엄을 선포할 권한이 있다. 이러한 권한은 국가의 핵심적 성격이 그 물리력에 있다는 것을 보여 주는 동시에, 대한민국이라는 국가의 존재 양태가 대통령직에 있는 사람이 지닌 고도의 판단과 행위에 의존하고 있다는 것을 의미한다.

이와 달리 윤석열 대통령은 국가의 위기 상황을 주권자인 국민에게 호소하기 위해 비상계엄을 선포했다고 주장함으로써 계엄의 본질이 물리력의 동원에 있지 않다는 입장을 피력했다.[4] 이에 호응하여 그의 지지자들은 12·3 비상계엄을 통해 국민들이 계몽되었다는 의미에서 계엄령을 '계몽령'이라고 부르기 시작했다. 대통령의 의도대로, 국민들이 야당의 전횡과

3   위의 책, 27~28쪽.
4   탄핵심판 4차변론 중 윤석열 증언.

부정선거, 간첩의 실태 등을 알게 되었다는 의미에서다.

이와 같은 윤석열의 극장에서 국가의 물리적 강제력은 연극적 드라마를 고조시키는 상징적이고 도구적인 수단에 불과한 것으로 보인다. 입법부의 저지에 막혀 비상계엄이 조기에 해제되었다는 사실조차 비상계엄의 연극적 성격에 대한 근거로 활용되었다. 그것이 시나리오였다는 것이다.

하지만 헌법재판소는 물리적 강제력을 동원하는 국가는 현실에서 연극적일 수 없다고 못박았다.

'경고성 계엄' 또는 '호소형 계엄'이라는 것은 존재할 수 없다. 비상계엄이 선포되는 즉시 피청구인은 평상시에 허용되는 범위를 넘어서서 국민의 기본권을 제한하고 정부나 법원의 권한에 관하여 특별한 조치를 할 권한을 보유하게 된다(헌법 제77조 제3항). 피청구인의 별도의 지시가 없더라도 계엄법에 따라 계엄업무를 시행하기 위하여 계엄사령부가 구성되고(제5조 제2항), 계엄사령관은 계엄지역의 모든 행정사무와 사법사무를 관장하면서 행정기관 및 사법기관을 지휘·감독하게 된다(제7조 제1항, 제8조 제1항). 중대한 위기상황을 병력으로써 극복하는 것이 비상계엄의 본질이므로, 그 선포는 단순한 경고에 그칠 수 없는 것이다.[5]

5　「헌법재판소 결정문 2024헌나8 대통령(윤석열) 탄핵」. 이하 같은 사건에 대한

계엄이라는 행위 자체는 물리적 강제력과 분리될 수 없다는 것이다. 또한 계엄 상황에서 국가는 자동 기계 장치처럼 권력을 집중시키고 물리력을 행사하는 운동을 하게 된다는 말이기도 하다. 여기엔 괴물이자 기계로서의 국가의 이미지가 투영되어 있다.

다른 한편, 헌법재판소의 결정문에만 의거해 보면 비상계엄이 궁극적으로 특정한 대안적 지배 관계를 수립할 목적이었는지는 분명하지 않다. 헌법재판소는 계엄에 동원된 병력이 국회의 의결을 방해하려 했다고 판단했지만, 이른바 '실패한 친위쿠데타'의 전모를 우리는 알 수 없다. 헌법재판소는 피청구인인 대통령 윤석열의 숨은 의도 따위에는 관심이 없고, 오직 행위의 결과에 대해서만 사법적 판단을 내렸다.

그런 점에서 비상계엄은 일종의 이중 플레이라고도 볼 수 있다. 한편으로 대통령은 국가의 물리력을 한껏 동원함으로써 실제적인 목적을 달성하면서도, 다른 한편 그것이 새로운 지배 체제를 수립하려는 목적이 아니라 단지 정국의 교착상황을 국민들에게 알리는 상징적 행위일 뿐이었다고 주장할 수 있었다.

인용문은 동일한 출전을 기초로 한다.

과시하며 통치하는 국가

이 지점에서 베버적 국가론과 기어츠적 국가론의 대비를 발견할 수 있다. 우리가 앞서 리바이어던의 이미지를 이해하기 위해 살펴본 기어츠의 극장국가는 근대국가를 이해하는 지배적인 관점인 베버의 국가론에 대한 비판적 성찰 속에서 제시되었기 때문이다.

> 근대적 정치 담론에서 중심적인 위치를 차지하고 있는 단어인 국가는 그 어원에 따라 적어도 세 개의 주제를 품고 있는데, 각각의 주제는 국가라는 명사 속에서 다양한 방식으로 응축되어 있다. 첫 번째는 위치, 순위, 서열, 처지라는 의미에서의 지위, 즉 **신분**(estate)이다. 두 번째는 화려함, 과시, 고결함, 풍채라는 의미에서의 장려함, 즉 **위엄**(stateliness)이다. 세 번째는 군림, 정권, 지배, 통솔이라는 의미에서의 통치, 즉 **국가통치술**(statecraft)이다. 이 의미들 중 세 번째 의미가 가장 최근에 나타났는데 이제는 이 의미가 국가라는 용어의 가장 우세적인 의미로 통용되고 있다.[6]

이 대목에서 기어츠는 국가의 어원과 관련된 세 번째 주

6   기어츠, 앞의 책, 219~220쪽.

제인 '통치'가 베버가 국가를 정의한 방식이라고 지적하면서, 나머지 두 주제인 '지위'와 '위엄'이 국가를 이해하는 서구적 관점에서 배제되어 왔음을 강조한다. 말하자면 국가는 지위를 과시하는 존재다. 발리섬의 느가라에서 왕을 중심으로 하는 지위 체계의 화려함을 연출하는 의례는, 베버적 정당성이 암시하는 것과 같은 합리적인 규칙에 근거한 "명시적 믿음들의 질서 정연한 집합"이기보다는 "즉각적으로 파악되는 감각적인 상징들, 즉 조각, 꽃, 춤, 멜로디, 몸짓, 노래, 장식, 사원, 몸동작, 가면 등"으로 구성되어 있다.[7] 기어츠는 발리섬의 극장국가 느가라를 다음과 같이 묘사했다.

> 발리 국가가 언제나 지향했던 것은 스펙터클과 의식, 그리고 발리 문화에서 지배적으로 나타나는 집착인 **사회적 불평등과 지위 자긍심을 공적으로 극화하는 일**이었다. 발리는 왕과 군주들이 흥행주, 사제들이 감독, 농민들이 조연 배우이자 무대 담당이자 관객이었던 극장국가였다. 거대한 화장의례, 삭치(削齒) 의례, 사원에 드리는 봉헌, 순례, 그리고 피의 희생의례에는 수백 심지어 수천 명에 이르는 인력과 막대한 부가 동원되었는데, 이것들은 어떤 특정한 정치적 목적을 이루기 위한 수단들이 아니었다. 그것들은 그 자체로 목적이었으며, 국가는

---

7   위의 책, 187쪽.

오히려 그런 것들을 위해 존재했다.[8]

이러한 서술을 통해서 기어츠는 지위를 과시하는 것 자체가 정치적 목적이 되어 버리는 극장국가의 특유한 성격을 보여 준다. 권력 지위를 획득하기 위한 마키아벨리식의 거짓말과 달리, 여기서는 목적과 수단이 전도되어 있다. 그렇다고 극장국가가 어떤 정태적 상태를 반복적으로 재생산하는 체제라고만 이해하는 것은 부정확하다. 오히려 목적과 수단의 전도 현상은 발리인들이 하나의 강박, 즉 지속적으로 하락하는 지위에 대한 강박에 사로잡혀 있다는 사실과 깊이 연관되어 있기 때문이다.

기어츠에 따르면, 발리인들은 자신들의 문명이 시공간 모두에서 중심으로부터 점차 이탈하는 상태라고 인식했다. 하지만 그들은 이를 예정된 쇠락으로 받아들이지는 않았다. 그들에게 문명의 하락은 어디까지나 우연의 결과일 뿐이기 때문이다. 이에 발리인들은 문화적인 모범을 더욱 생생하게 재현하는 데에 몰두함으로써 하락하는 역사를 무효화하는 방법을 선택했다는 것이다. 이처럼 느가라의 스펙터클은 바로 하락하는 지위에 대한 정치적 반응이었다.[9] 어쩌면 청교도들이 그랬던 것처

8   위의 책, 30~31쪽.
9   가시성의 정치적 세계와 극장국가의 유사성에 대해서는 기어츠의 다음과 같은 문장도 참고해 볼 수 있다. "발리에서의 지위 및 지위를 둘러싼 강박적 충동이

럼, 지위의 불안정성을 해소하려고 했던 그들의 노력은 남다른 가시성의 세계를 출현하는 데에 이르렀는지도 모른다.

　파면된 이후 윤석열이 보여 준 승리자로서의 과시적 이미지와 지지자들의 환대, 특히 청년을 표상하는 '과 점퍼'를 입은 대학생 무리의 환대 행렬은, 비록 정교하지 못할지라도 윤석열의 극장국가 '자유대한민국'을 가시화하는 드라마로서 손색이 없다.[10] 이 드라마는 무너져 가는 국가와 대통령의 하락하는 지위를 동일시함과 동시에 모종의 역전이 가능하리라는 희망을 통해 극장국가를 이미지화한다. "저는 이 비상계엄을 통해 망국의 나락으로 떨어지고 있는 자유 대한민국을 재건하고 지켜 낼 것입니다."[11]

　느가라의 드라마를 지탱하는 장치 가운데 하나인 슥띠(신이 인간 지배자에게 주입하는 힘, 일종의 카리스마)의 사례를 참고하자면, 윤석열의 극장은 "믿고 복종하고 소유하고 조직하고 이용하고 이해함으로써 나오는" 베버적 권력이 아니라 "진리를 이미지화함으로써 생겨나는 힘"에 의해 지탱된다.[12] 윤석열의 극장에서 계엄이 계몽으로 번역되는 과정은 바로 이 슥띠

활성화하는 감정과 행동 대부분에 해당하는 등가물을 우리 사회에서 찾는다면 바로 우리가 정치적이라고 부르는 영역이 될 것이다." 위의 책, 224~225쪽.

10　정치 행위자로서 윤석열은 승리자가 아니라 '희생자'라는 이미지를 선택할 수도 있었다. 그것이 정치 현실에서 보다 자연스러운 과정일 수 있기 때문이다.

11　비상계엄 대국민담화, 2024년 12월 3일.

12　기어츠, 앞의 책, 194~195쪽.

의 모습을 하고 있다. 극장국가의 존재론은 단지 상상이나 허구가 아니라 실재에 대한 표현이며, 동시에 그러한 표현을 통해 존재론이 현실화되도록 만든다. 진실과 거짓의 구별은 극장국가에서 성립하지 않는다.

기어츠의 극장국가를 통해 드러난 윤석열 극장의 전모는, 베버적 국가론을 반복하는 것으로 계엄사태가 종결되지 않을 수 있다는 것을 암시한다. 그래서 계엄은 연극일 수 없다는 헌법재판소의 판단은, 계엄 사태가 탄핵과 파면을 거쳐 윤석열의 '승리'로 이어지는 연극 앞에서는 다소 무력해 보인다. 12·3 비상계엄은 분명 물리적 강제력의 정당한 독점이라는 국가의 위기를 드러냈지만, 이때 정당성의 위기는 한국이라는 극장국가를 지탱하는 정치적 픽션의 위기로 이해할 수 있다. 그리고 헌법재판소의 판결은 바로 그와 같은 위기에 대응한 성격 또한 지니고 있다.

상대적인 진리성 위에서

윤석열의 극장을 지탱하는 존재론 가운데 대표적인 것은 부정선거론이다. 정치인 윤석열이 그 주장을 얼마나 진실되게 믿는지 단정할 수 없지만, 그가 '슼띠'를 획득하는 과정에서 부정선거론이 끼친 영향력은 이 연극에 참여한 사람들이 보여 준 모습에서 명확히 드러난다.

탄핵 국면에서 그의 지지자들은 '윤 어게인(Yoon Again)'과 '스탑 더 스틸(Stop the Steal)'이라는 푯말을 들고 나왔다. 이는 미국 공화당의 슬로건 MAGA를 모방한 것으로, 부정선거론이라는 전제를 공유함으로써 윤석열의 정치적 퍼포먼스를 미국 우파 포퓰리즘과 직접 연결시키는 장치로 기능했다.

비상계엄을 선포하는 대국민담화에서는 부정선거론이 직접 언급되지는 않지만 이어진 '4차 대국민담화'에서 대통령 스스로 "그동안 직접 차마 밝히지 못했던 더 심각한 일들"이 있었다며, 선거관리위원회에 대한 북한의 해킹 공격과, 그에 대한 국정원 등의 검증 미흡을 거론했다. 이는 사실상 부정선거론을 공식적인 국가적 위기 서사의 일부로 편입시킨 것이었다. 이러한 맥락에서 '윤 어게인'과 '스탑 더 스틸'이라는 구호는 단지 해외 사례의 모방에 그치는 것이 아니라, 탄핵으로 대통령의 직무가 정지된 상황 속에서 지지자들에게 이중의 현재적 의미를 갖게 되었다. 하나는 '자유대한민국'이 선거를 포함한 민주적 절차의 부패로 인해 지속적인 위기에 처해 있다는 인식이었고, 다른 하나는 이제 그 국가의 수호자로 상징되던 대통령의 지위마저도 위협받고 있다는 위기 의식이었다.

헌법재판소는 이 부정선거론에 대해서도 판단을 내렸는데, 그 핵심은 부정선거 의혹을 해소하는 수단으로서 비상계엄을 고려한 것은 부적절하다는 것이다. 부정선거 의혹과 국가

비상사태를 연결한 대통령의 판단이 '현저히 비합리적이거나 자의적'이라는 것이었다.

하지만 여기서 헌법재판소는 대통령의 개인적 믿음에 대한 판단을 유보하고 외적 세계에서 일어난 사건과 행위들에 대한 판단에 집중함으로써 양심과 행위를 분리하는 근대국가의 법원리에 충실한 모습을 보였다. 더 나아가 헌법재판소는 대통령의 판단이 "객관적 현실에 부합하는지 여부나 국민 다수의 지지를 받고 있는지 여부를 떠나서 정치적으로 존중되어야 한다."라고도 언급한 바 있다. 이와 동시에 개인적인 믿음이 외적 세계에 표현될 때, 즉 가시성의 세계에서의 갈등으로 비화될 때 "민주주의 원리에 따라 조율되고 해소되어야 할 정치의 문제"가 된다는 점을 강조했다. "정치적 견해의 표명이나 공적인 의사결정은 어디까지나 헌법상 보장되는 민주주의의 본질과 조화될 수 있는 범위에서 이루어져야" 하기 때문이다.

이 민주주의 원리란 무엇일까? 헌법재판소는 민주주의에 대해서 다음과 같이 명확한 정의를 제시했다.

민주주의는, 개인의 자율적 이성을 신뢰하고 모든 정치적 견해들이 각각 **상대적 진리성과 합리성**을 지닌다고 전제하는 다원적 세계관에 입각한 것으로서, 대등한 동료시민들 간의 존중과 박애에 기초한 자율적이고 협력적인 공적 의사결정을 본질로 한다.

민주주의는 진리와 거짓의 명확한 구별 위에 성립하지 않는다. 어떤 의미에서 이러한 민주주의는 부정선거론조차도 일말의 진리성과 합리성을 지니고 있다고 전제한다. 거짓말 게임으로서의 국가에서 가장 중요한 것은, 바로 이와 같은 상대적 진리성과 합리성을 보장하는 동료 시민들 간의 동등한 지위라는 픽션을 유지하고 관리하는 것에 있다. 이러한 픽션은 진실과 진리의 진공 상태를 상정하는 정치적 기술에 의존한다. 앞서 시민들의 동등한 지위가 리바이어던이라는 하나의 픽션이 됨으로써 성립하는 근대국가의 모습을 살펴봤는데, 민주주의에 대한 헌법재판소의 정의는 이와 같은 근대국가의 평등주의적 비전과 맞닿아 있다.

앞서 살펴보았듯 오늘날 우파운동은 정치 지도자의 지위를 매개로 하락하는 국가의 이미지와 개인들의 불안정한 지위를 연결시키는 대행적 연극을 수행하고 있다. 하지만 거짓말 게임으로서 국가에서 정치 지도자는 '공허한 중심'을 둘러싼 상징극이 유지될 수 있도록 끊임없이 자기 인격을 지우는 연기를 수행해야 한다. 이때 대표자는 카리스마를 지닌 하나의 인격임에도 불구하고 그 자신을 끊임없이 지워 나가는 배역을 요구받는다는 점에서 일종의 초월적 성격을 지닌다. 그것은 어떤 점에서 만들어진 신, 만들어진 국가의 이미지를 끊임없이 과시하는 역할이기 때문이다. 살아 숨 쉬는 인격적 존재에게 이러한 배역을 현실적으로 제공해 주는 것이 바로 헌법이다.

헌법의 저자, 우리 대한국민

헌법재판소의 민주주의론은 대통령의 초월적 지위와, 대등한 지위를 본질로 하는 주권자의 관념을 헌법을 매개로 긴밀하게 연결시킨다. 헌법재판소는 탄핵 심판 피청구인 대통령 윤석열을 파면하는 주문을 낭독하기 이전에 다음과 같은 방식으로 이 연결을 정식화했다.

> 국민 모두의 대통령으로서 자신을 지지하는 국민의 범위를 **초월하여 국민 전체에 대하여** 봉사함으로써 사회공동체를 통합시켜야 할 책무를 위반하였다. 헌법과 법률을 위배하여, 헌법 수호의 책무를 저버리고 **민주공화국의 주권자인 대한국민**의 신임을 중대하게 배반하였다.

여기서 등장하는 민주공화국의 주권자인 '대한국민'은 헌법 전문에 '우리 대한국민'으로 등장하는 헌법의 저자이자 집합적 정치 주체의 이름이다.

대한민국 헌법은 '유구한 역사와 전통에 빛나는 우리 대한국민'이 '1948년 7월 12일 제정되고 8차에 걸쳐 개정된 헌법을 이제 국회의 의결을 거쳐 국민투표에 의해 개정한' 결과물이다. 대통령 박근혜 탄핵사건(2016헌나1)에서는 등장하지 않았던 이 헌법적 주어는, 대통령 윤석열이 단지 국민의 신임을 배반한 데에 그치지 않고 보다 큰 범위에서 국가적 픽션의 기반을 흔들어 놓았기 때문에 소환될 필요가 있었다. 그는 헌법이 부여한 배역과 자신의 인격 사이에 놓인 긴장을 거부함으로써, '우리 대한국민'이라는 헌법적 픽션으로서만 유지되는 시민적 동등성의 기반을 흔들어 놓았다.

'우리 대한국민'이라는 주어 역시 진실과 거짓의 이분법이 아니라, 상대적 진리성을 전제로 한 가면을 쓴 정치를 통해서만 자신을 드러낼 수 있다. 헌법을 매개하지 않을 때, 즉 우리가 '우리들 대한국민'이라는 가면을 쓰지 않을 때, 시간이 많고, 여유로우며, 영향력 높은 사람들의 여론이, 또는 지지하는 사람들의 확증 편향된 요구가 국민의 목소리로 둔갑할 수 있다. 공허한 말들이 날것의 폭력으로 비화되지 않는 바로 그 지점에서, 헌법의 언어들은 동등성을 구현하는 가면을 제공해 준다. 우리는 자연적으로 평등한 것이 아니라 법 앞에서 평등해진다.

극장국가의 방식으로 표현하자면, 헌법으로 매개된 대통령과 '우리 대한국민'의 관계는, 리바이어던의 가면을 쓴 '공허한 중심'과 그 주변에서 모자를 벗지 않는 사람들의 이미지로 수렴된다. 지지자들을 초월해야만 하는 대통령의 지위는, 대한국민이라는 집합적 주체의 존재 기반인 동등한 시민들의 연합이라는 픽션과 불가분의 관계에 있다. 대통령이 '공허한 중심'으로서 국가라는 비인격적 실체를 구현하는 데에 게을리할 때

시민들의 동등함조차 위태로울 수 있다.

헌법재판소의 판결에서는 동등성이라는 민주주의의 원리와 통합성을 지향하는 국가의 원리가 상호의존적이라는 사실을 읽어 낼 수 있다. 대통령의 초월적 지위에 부여된 책무는 동등한 시민들로 구성된 국가를 현실에서 구현하는 데에 있다는 점에서, 윤석열의 극장과 대비되는 극장국가의 존재론을 제시해 준다.

물론 헌법재판소가 대통령의 믿음과 판단을 정치적으로 존중할 필요가 있다고 언급한 것처럼, 헌재재판관들 역시 민주주의의 원리 속에서 상대적 진리성과 합리성을 지닌 의견을 가질 수밖에 없다. 하지만 그들은 동등한 지위의 세계를 보호하기 위해, 그 보호를 핵심적 가치로 삼으면서, 자신들의 의견을 하나의 방향으로 일치시킬 수 있었다. 어떤 점에서 이러한 일치는, 국가가 통일된 이미지 속에서만 시민들의 대등한 지위를 가시화하는 데에 성공할 수 있다는 정치적 픽션의 합리적 결론이기도 하다.

나아가 탄핵 심판에 임한 헌법재판소의 행위는, 그 자체로 민주주의와 국가의 두 원리를 가시성의 세계에 출현시킨 연극적 수행으로 이해될 여지가 있다. 다른 헌법재판과 달리 대통령에 대한 탄핵심판에 있어서 헌법재판소는 결정 요지를 발표할 때 경어를 사용함으로써, 심판의 당사자가 대등한 동료시민 전체라는 사실을 환기하는 듯 보였다.

실제로 이때의 심판정은 헌정의 위기와 봉합을 가시화하는 무대처럼 보인다. 리바이어던의 도상에서처럼 모두가 같은 곳을 바라볼 수 있는 드문 순간이다. 더불어 대통령 박근혜 탄핵 심판과 달리, 대통령 윤석열 탄핵 심판에서는 별도의 보충 의견을 낭독하지 않았다. 비록 공식적인 결정문에는 탄핵 심판 절차에 대한 보충 의견이 활자화되어 있었지만, 주심을 맡은 문형배 헌법재판관은 선고 요지를 다음과 같이 마무리함으로써 헌법재판조차 가시성의 세계에 출현해야 하는 연극적 수행의 일부임을 분명히 보여 줬다.

이에 재판관 **전원의 일치된 의견으로** 주문을 선고합니다. 탄핵 사건이므로 선고시각을 확인하겠습니다. 지금 시각은 오전 11시 22분입니다. 주문 피청구인 대통령 윤석열을 파면한다. **이것으로** 선고를 마칩니다.

극장국가 한국의 시학

헌법재판소의 판결은 이미지화된 진리다. 민주주의에서 진리는 의견들에 의존한다. 불평등한 지위를 가진 사람들의 의견에 동등한 무게값을 부여한다는 픽션을 통해서만 이 진리는 자신의 스펙터클을 완성할 수 있다. 헌법재판소는 시민들 간의 동등한 지위를 만들어 내는 거짓말 게임이 물리적 강제력이 아니라 언어게임이라는 점을, 그것이 잠정적인 언어의 합의에 의존하고 있다는 사실을 보여 준다.

이처럼 윤석열 대통령에 대한 헌법재판소의 탄핵 심판은, 베버적 국가론에 의거한 규범적 판단이자 리바이어던의 가상적 일치성을 과시하는 극장국가 드라마의 일부였다. 헌법의 수호자로서 헌법재판소는 또 다른 헌법의 수호자인 대통령의 권한과 그 일탈을 단지 규범적으로 판단하는 데에 그치지 않고, 리바이어던의 응집력을 다시금 일시적으로 구현하는 역할을 수행했다.

하지만 거짓말에도 한계가 있듯, 불평등한 지위경쟁 속에서 우리들의 '말할 수 없는 진실'은 잠정적이며 취약한 토대 위에 놓여 있다. 국가는 믿음의 외양을 띠고 있지만 그 믿음 자체에 개입할 수 없는 딜레마에 처해 있으며, 그럼에도 불구하고 그 과시의 성공 여부는 이러한 믿음에 의존하고 있기 때문이다.

지금 한국이라는 극장국가의 모습은 어떤가? 탄핵의 결과는 시민들이 동등한 방식으로 모자를 벗지 않는 행위로 이어지고 있는가? 진실과 거짓의 이분법을 넘어 거짓말 게임으로서 국가를 복원하고 있는가? 기어츠의 표현을 다시 빌리자면, "느가라를 이해하는 일은 권력의 역학이 아닌 권력의 시학을 정교화하는 일이다."[13] 극장국가의 취약한 구조가 위기 상태에 빠지지 않기 위해서는, 각자가 자신의 믿음으로 침잠하는 것을 멈추고 동등성을 가시화하는 연극을 수행할 수 있어야 한다. 그러기 위해 우리는 한국이라는 극장국가의 시학을 끊임없이 정교화할 수 있어야 한다. 그래야만 우리는 계엄 사태에서 근본적으로 벗어날 수 있다.

13   위의 책, 225쪽.

7장 소셜 미디어와 고독한 실패자들

"보고 싶지 않지만 결국 보고야 마는
질시의 스크롤 한가운데에서 매일 길을 잃으면서,
우리는 동등하게 만나기 위해 필요한
섬세한 몸짓을 잃어버렸다.
정치는 분노와 질투의 감정을 해결하기보다
오히려 서로를 향한 폭력을 분출시킨다."

오늘도 스마트폰 화면에 과시하는 인간들이 흘러내린다. 그저 달리기 정보를 찾고 있을 뿐인데 고가의 스포츠웨어를 입은 사람들이 줄줄이 등장한다. 멋있어 보인다. 검색을 해 본다. 티셔츠 한 장이 20만 원. 애인에게 받은 선물, 고급 레스토랑에서의 식사 한 끼, 고가의 명품, 부티크 호텔에서의 경험을 자랑하듯 노출하는 건 이제 애교에 가깝다. 성취가 곧 정체성이 되는 경우 생활의 지혜는 뒷전이 된다. 명문대생의 하루, 명문대 나온 사람의 자녀 교육법, 명문대 나온 전문직이 ○○하는 방법은 어쩐지 교묘해 보인다. 궁금하지 않은데 계속 보고 있다. 유행하는 챌린지와 밈은 나 빼고 모두가 따라하는 것만 같다. 유명인들 사이의 샤라웃엔 흥미가 생기다가도 짜증이 난다. 독서 생활 역시 잘 읽는 사람이 아니라 잘 읽는 것을 보여 주는 것이 관건이다. 모두가 자신을 과시하는 데에 여념이 없다. 심지어 그 어느 때보다 패권을 과시하는 미국 대통령까지.

오늘날 과시의 무대는 단연 소셜 미디어다. 루소의 오두막 집은 발전에 발전을 거듭해 이제 전 세계가 서로를 바라보고

전 세계가 나를 바라보아 주기를 바라는 인정의 무대를 마련했다. 소셜 미디어만큼 주관적 자아와 객관적 자아 사이의 거리를 좁힐 수 있는 전략적 장소도 드물다. 나의 전문성을 보여주고, 내가 홀로 고립된 자가 아니라는 사회적 친분을 과시하고, 친밀한 관계를 맺기 위한 대상을 찾기 위해서는 진정으로 과시적 인간이 되어야 한다.

거짓말 게임 최초의 탈락자

인간 사이의 교류와 문명의 발전이 오히려 행복과 순수의 타락으로 이어졌다고 본 루소는 이 사태를 어떻게 받아들였을까? 그는 줄곧 사회적 교류에 대한 비판자로 살았지만, 아이러니하게도 그 자신은 대단히 과시적인 인물이기도 했기 때문에, 우리는 이런 상상을 감행해 볼 가치가 있다. 그의 솔직하고 순수한 자아는 과시경쟁에 적합하지 못했고, 그는 어쩌면 거짓말 게임 최초의 탈락자에 가까운 인물이었을지 모른다.

하지만 오늘날 루소가 살아 있다면, 그는 자신의 진심을 알아주지 않는 세상에 대한 불평을 콘텐츠 삼아 과시 세계에서 낙담한 이들의 스타가 되었을 것도 같다. 스마트폰 화면을 끊임없이 새로고침하며 타인의 인정을 갈망하는 인플루언서의 모습이 루소의 얼굴에 겹쳐 있다.

196

‘과시의 실패자’ 루소의 역설은 그의 정치사상에도 고스란히 배어 있다. 그는 ‘가면의 정치’를 거부하고 인간 내면의 투명성을 드러내는 정치를 꿈꿨다. 루소에게 중요한 것은 언제나 매개 없는 직접성이었고, 그의 세계에서 가면은 설 자리가 없었다. 그러나 가시성의 세계와 투명성의 정치가 함께 존재하는 일은 거의 불가능했고, 결국 그의 실패한 과시는 내면의 믿음 속으로 침잠하는 길로 이어졌다. 말년에 그는 망상에 빠져 세상이 자신에게 적대적 음모를 꾸미고 있다고 확신했다. 루소는 평생 사회적 과시와 고립된 망상 사이를 왔다 갔다 했다.

이런 루소에게 소셜 미디어라는 무대가 주어졌다면 그의 삶은 조금은 덜 외로웠을까? 그는 자신의 추종자들을 만나 잠깐의 인정욕구를 해소하고 다시 망상으로 빠져들었을까? 아니면 그들과 함께 새로운 공동체를 꿈꿨을까? 마지막 장에서는 루소의 국가론(일반의지)과 소셜 미디어(알고리즘) 사이의 유사점에 주목하면서, 과시의 실패와 오늘의 정치적 위기를 함께 고민해 보고 싶다.

루소라는 과시적 인간의 개인적 실패와 그의 국가론이 지닌 문제 사이에는 은밀한 평행선이 있다. 이 평행선을 따라 스마트폰 화면 속 과시의 무대를 들락거리는 우리 자신의 초상과, 스마트폰 화면으로 과시의 무대가 옮겨진 오늘날의 정치적 위기를 함께 조망해 보자.

사랑과 자존심

우선 '사소하지만 미묘한 내전상태'에 대한 루소의 이해 방식을 찬찬히 들여다볼 필요가 있다.

남녀 젊은이들이 이웃 오두막집에서 산다고 가정해 보자. 자연의 요구에 따른 일시적인 교류는 빈번한 **상호 방문**으로 이어져 곧 달콤하며 지속적인 또 다른 교류를 낳을 것이다. 그들은 다른 대상들을 **바라보고 비교하는 일**에 익숙해진다. 그리하여 선호의 감정을 야기하는 가치와 미의 관념을 조금씩 갖게 된다. 사람들은 서로 만남으로써 이제는 만나지 않고는 살아갈 수 없게 된다. 달콤하고 다정한 감정이 영혼 속에 스며들며, 아주 사소한 훼방에 부딪혀도 억제할 수 없는 분노가 치솟는다. 질투심은 사랑과 함께 깨어나기 때문이다. 불화가 승리를 거두게 되면, 정념 중에서 **가장 부드러운 정념**은 인간의 **피의 희생**을 치른다.[1]

루소의 통찰에 따르면 만남은 비교를 낳고 비교는 감정을 불러일으키며 감정은 폭력을 낳는다. 여기서 '가장 부드러운 정념'은 타인을 연모하는 사랑의 감정일 것이다. 사회 속에서

1   루소, 『인간 불평등 기원론』, 85쪽.

우리는 비교와 질투를 오가며 사랑을 전쟁을 위한 불쏘시개로 사용한다. 교류를 시작한 인간은 이제 홀로 살 수 없다.

루소의 이러한 묘사를 어디에서 본 것만도 같다. 연일 재생산되는 연애 프로그램에서다. 일군의 사람들을 짧은 시간 제한된 장소에 감금하고 그들에게 짝짓기만을 강요하는 사회적 실험 속에서, 연기자인지 일반인인지 알 수 없는 사람들은 금세 사랑에 빠지고 분노했다가 슬퍼서 엉엉 울음을 터뜨린다. 마치 이제 막 사회적 교류를 경험한 것 같은, 루소가 말한 순수한 미개인들처럼 보인다.(오해를 말길. 미개인은 문명의 비판자 루소에겐 긍정적인 표현이다.)

루소는 사회적 교류 과정에서 인간 내면에 일어나는 감정의 변화에 주목했다. 인간은 이미 다른 동물과 인간종을 비교하면서 인간이 우월한 존재라는 사실을 인식했으며, 그러한 자의식은 자존심을 만들어 냈다. 그것은 "인간이 자신에게 던지는 최초의 시선"이었다.[2] 자존심은 타인의 작은 공격에도 모욕감을 만들어 낸다. 성숙한 감정인 사랑의 실패는 모욕감을 배가시킨다. 루소는 우리가 서로를 보고 보이는 이 과정이 인간의 타락을 야기했다고 진단했다.

루소는 이렇게 스스로를 '보기' 시작한 인간이 다른 인간에 대한 관찰도 소홀히 하지 않았음을 언급하면서 사회적 교

2   위의 책, 81쪽.

류가 본격화하기 이전에 이미 발전하기 시작한 인간의 감정을 포착한다. 어쩌면 위에서 인용한 구절에서 드러나는 분노의 감정은 타인에 대한 소유욕이 빚어 낸 산물일지도 모른다. 루소에 따르면 미개인들은 서로의 일시적 욕망이 충족되면 서로의 얼굴조차 기억하지 못했으니까. 그에게도 인정의 가장 원초적인 형태는 사랑이었던 것 같다.

타인의 인정과 사랑을 갈구하는 인간은 언제나 모욕감을 느낄 준비를 해야 한다. 평가는 내부가 아니라 외부에서 주어지기 때문이다. 하지만 루소는 그러지 못했다. 루소만큼 자신의 사상을 삶의 궤적 전체에 걸쳐 구현하려 애쓴 사상가는 드문데, 그의 잇단 실패와 문명에 대한 비판에는 심대한 연관성이 있었던 것이다. 루소의 사상과 그의 삶은 어떤 점에서 내면의 투명성을 그대로 드러내는 프로젝트에 가까웠다.[3] 그는 진실한 사랑을 갈구했지만 사회적 교류에 숱하게 상처받았으며, 결국 자기만이 자신을 이해할 수 있다는 생각에 빠져들었다. 애덤 스미스와 달리 그는 '신의 재판소'로 만족할 수 없었다. 그는 '내면의 재판소'를 이 땅에 세웠다.

---

3   장 스타로뱅스키, 이충훈 옮김, 『장자크 루소: 투명성과 장애물』(아카넷, 2012).

과시에 실패한 이의 자서전

사회적 불평등의 기원을 탐색하고 새로운 국가상을 제시했던 그는 말년에 주로 내밀한 자서전을 썼는데, 『고백』, 『심판』, 『고독한 산책자의 몽상』 등이 그 결과물이다. 제목처럼 그는 사회에 진술한 고백도 해 보고 스스로를 심판하기도 했지만, 결국 "이제 이 세상에 나는 혼자다."라는 문장으로 시작하는 몽상가가 되었다.[4]

『인간 불평등 기원론』에서 루소가 묘사한 오두막집 앞과 큰 나무 주위에 모인 그 사람들은 바로 루소 자신이었다. 오두막집 앞에서 서로에게 과시할 수 있었던 자질들에 주목하면서 루소는 인간이 거짓말 게임을 수행한다는 사실을 인식했다. "실제와 외관은 완전히 다른 두 사실이 되었으며, 그 구별로부터 위엄 있는 호사와 기만하는 술책과 그에 따르는 모든 악덕이 생겨났다."[5] 단지 차이가 있다면 그는 이 게임에서 나쁜 것만을 발견했다는 것이다.

이런 관점에서 예의범절은 그에게 '가면'이라는 연극적 수행이라기보다, 진솔한 감정을 은폐하는 '베일'이라는 의미를 지녔다. 실제와 외관의 불일치, 조금 더 정확히 말해 인간이 지

4 장자크 루소, 진인혜 옮김, 『고독한 산책자의 몽상, 말제르브에게 보내는 편지 외』(책세상, 2013), 15쪽.
5 루소, 『인간 불평등 기원론』, 92쪽.

닌 허위의식은 루소에게 사회적 조건이라기보다는 극복해야 할 문제였다. 그의 자서전들은 과시적 인간들의 허위의식을 폭로하고 인간의 솔직담백한 내면이야말로 가시성의 세계를 압도할 수 있다는 사실을 증명하는 일이었다. "불투명성을 쫓아 버리는 유일한 방식은 스스로 투명성이 되는 것이며, 불투명성에 갇힌 수인들이 앞에 항상 나타나 머무르며 그 투명성을 살아 내는 것"이었다.[6]

하지만 이러한 프로젝트에는 거대한 역설이 자리한다. 사회를 거부하면서 투명성을 어떻게 드러낼 것인가? 스타로뱅스키는 이러한 물음에 대한 한가지 실마리를 제공해 주는데, 루소가 일종의 노출증을 지니고 있었다는 것이다. 정확히는 외부 세계를 향한 그의 행동은 "공격적으로 외부 세계의 장애물로 들어가지 않"고 자신을 그저 보여 주는 것에 만족하는 심리적 기제 속에 놓여 있다는 것이다.[7] 이러한 그의 진면목은 『고백』의 다음 장면에서 살펴볼 수 있다.

수치심은 나의 타고난 소심함을 주체할 수 없을 정도로 커지게 했다. 나는 그 시절에도 그 이후에도 여자가 먼저 나서서 어떤 의미로는 내가 성적인 제안을 할 수밖에 없게 만드는 경

6   스타로뱅스키, 앞의 책, 93쪽.
7   위의 책, 341쪽.

우가 아니면 그런 제안을 하기가 영 힘들었다. (……) 내 욕망을 만족시킬 수 없었으므로 그것을 더없이 엉뚱한 술책으로 들쑤실 정도로 내 흥분은 커져만 갔다. 나는 좁고 어두운 길이나 잘 드러나지 않는 외진 곳을 찾아다녔다. 나는 그곳에서 여자들에게, **내가 그녀들 옆에 있다면 하고 싶은 모습으로 멀리서 몸을 노출할 수 있었다.** 그녀들이 본 것은 음란한 것이 아니었으며 나는 그렇게까지 할 생각도 없었다. 그것은 우스꽝스러운 부위였다.[8]

그의 노출증이 성적 욕구와 결부되어 있다는 사실을 굳이 강조할 필요는 없겠다. 이 대목은, '순진한 미개인'이 오두막집에서 자신의 감정을 발견해 가는 과정을 루소가 그토록 생생하게 묘사할 수 있었던 이유를 보여 준다. 자존심은 사회 속에서 수치심으로 언제든 발전할 수 있다. 순수한 인간성의 타락이라는 표상은 그의 삶과 기질 속에 뒤틀린 형태로 깊이 자리하고 있었던 것이다. 말하자면 그는 관종 중에 제일 관종이라는 '소심한 관종'의 모습을 하고 있다.

얼굴이 드러나는 것이 싫다면 사진을 안 찍으면 되지만, 관심을 받기 위해서는 반쯤 가린 사진이 좋다. 옆 모습을 보여 주는 것은 어떤가. 교양 있어 보이게 책으로 얼굴을 가린다면

---

8 장자크 루소, 박아르마 옮김, 『고백 1』(책세상, 2015), 130쪽.

더할 나위가 없겠다. 그래서 루소의 과시는 어쩌면 가장 현대 적이라고 할 만하다. 보여 주고 싶은 나의 모습을 멀리서 보여 준다. 그것이 우스꽝스러워도 상관없다. 유행하는 챌린지와 밈을 따라 내 무대를 채우는 일은 어쩐지 우스꽝스러운 부분이 있다. 상호작용은 바로 일어나지 않는다. 하지만 그것을 이겨 내고 버티는 자야말로 오늘날 과시의 승리자다. 이제 루소들은 자서전을 쓰지 않고 소셜 미디어를 한다.

소셜 미디어, 실패한 과시자의 무대

루소가 문명의 타락으로 보았던 바로 그 사회적 교류를 위해 등장한 소셜 네트워크 서비스는, 이제 점차 자신의 일거수일투 족을 콘텐츠로 만드는 소셜 '미디어'로 변모하고 있다. 친구의 외연을 넓히는 일은 이제 중요하지 않다. 사회적 교류가 과시 적 행태로 이행되는 것은 루소가 사회의 발전 과정을 이해한 방식과 겹쳐 보인다. 그런데 흥미롭게도, 소셜 미디어의 기원 에는 오두막집이나 큰 나무 아래에서 겪는 실패한 사랑의 감 정, 즉 모욕감이 있다는 가설이 있다.

데이비드 핀처 감독의 영화 「소셜 네트워크」(2010)는 페이 스북 창립에 마크 저커버그라는 인물의 감정이 얼마나 중요한 동력이었는지를 그린다. 물론 당사자가 사실이 아니라고 부인

했기에 나는 이 이야기를 어디까지나 가설로 다루겠지만, 이 영화는 소셜 미디어라는 과시의 무대의 탄생을 둘러싼 설득력 있는 시나리오로 읽히는 것이 사실이다.

영화는, 이제 실리콘밸리의 군주 가운데 한 사람인 마크 저커버그가 애인과의 관계에서 느낀 모욕감 때문에 페이스북을 만들었다고 전제한다. 오프닝 장면에서 그는 여자친구 에리카와 마주 앉아 있다. 그는 똑똑한 사람들이 넘쳐나는 하버드대에서 자신을 구별짓기 위해 무엇을 해야 할지를 숨 가쁘게 늘어놓는다. 에리카가 큰 뜻 없이 조정팀 이야기를 꺼내자, 마크는 조정팀 애와 사귀어 봤냐고 응대한다. 마크는 잘나가는 사람들만 가입할 수 있는 사교 클럽에 가입할 수 없다.[9] 그는 에리카가 다니는 학교를 평가 절하한다. 마크는 에리카와 동등하게 만날 의사가 없어 보인다. 인정욕구에 사로잡혀 있지만 현실의 과시에서는 큰 좌절감만을 지닌 그에게, 에리카는 마침내 이별을 고한다.

컴퓨터 공학을 전공한 마크는 피의 희생의식을 치르거나 자서전을 쓰지 않았다. 그는 드라마 「사랑의 이해」의 수영처럼 시답잖은 거짓말 게임을 시도하지도 않았다. 그는 새로운 과시의 무대를 만들기 위한 코딩에 돌입했다. 하버드대 커뮤니티에

---

9   이 장면에서 "누구나 가입할 수 있는 클럽이 최고의 클럽이야."라는 에리카의 대사는 소셜 미디어의 명암을 보여 준다.

서 발전한 페이스북을 확장하는 과정에서 에리카가 다니고 있는 학교를 무리하게 추가하려고 한 장면에서 드러난 것처럼, 마크의 목표는 루소가 자서전을 쓴 것과 크게 다르지 않았다. 그것은 과시의 실패자가 감행한 복수다. 사소한 훼방을 이겨 내려는 피의 희생이다.[10] 영화 속에서 마크는 사업이 좌초될 때마다 자기 사업이 자신의 삶과 분리될 수 없음을 명확히 하고 있다. "아무도 아닌 존재로 사는 게 좋았어? 난 그때로 다시 돌아가지 않을 거야!"

루소 역시 마크와 마찬가지로 파리의 살롱 문화에 완전히 받아들여지지 못했다.[11] 자신의 삶을 통해 순수한 미개인을 보여 주고자 했던 말년의 모습과 달리, 그는 애초에 문명의 과시를 한껏 받아들였다. 그가 사회를 떠나 고독을 자처하고자 했을 때의 감상은 그 단서다.

속세와 그곳의 허식을 떠났고, 모든 장신구를 포기했다. 더 이

---

10   영화 속에서 에리카와 헤어진 직후 마크와 그의 친구들이 만든 페이스북의 초기 모델은 하버드대 여학생들의 외모를 평가하는 사이트였다.

11   지성사 연구자 로젠블랫의 심도 있는 연구에 따르면, 흔히 개인의 자유와 권리처럼 정치적인 차원에서 이해되는 자유주의라는 말은, 프랑스혁명 이전까지 배움, 우아함, 탁월함과 같은 윤리적이고 문화적인 의미에 가까웠다. 신사들의 사교클럽은 바로 이 자유교양인 '리버럴리티'를 학습하는 대표적인 장소였으며, 루소는 '리버럴리티'가 오히려 부패한 사회를 은폐할 뿐이라고 보았다. 헬레나 로젠블랫, 김승진 옮김, 『자유주의의 잃어버린 역사: 공동체의 도덕, 개인의 윤리가 되다』(니케북스, 2023), 42쪽, 55~56쪽.

상 검(劍)도 시계도 흰 양말도 금박도 모자도 필요하지 않았고, 아주 소박한 가발 하나와 헐렁한 모직 옷 한 벌이면 충분했다. 그뿐 아니라 내가 버린 모든 것에 가치를 부여하는 탐욕과 욕심을 마음속에서 뿌리째 뽑아 버렸다.[12]

이 구절에 따르면, 그는 허식의 표식들에 줄곧 마음을 기울여 온 듯하다. 그 장신구들은 파리의 관객들에게 자신의 지위를 뽐낼 수 있는 수단이었다. 이 고백을 그의 노출증과 나란히 놓고 읽어 보면, 루소의 모습에서 늘그막에 변신한 인플루언서의 얼굴이 드러난다. 젊은 시절 사람들과 어울리기 위해 수많은 명품을 사고 쓰던 이가, 이제는 그들에게 지쳐 소박한 삶에서 마음의 평화를 찾았다고 고백하는 유투버가 된 것이다. 과시의 실패와 단념조차도 과시의 소재가 된다. 속세를 떠났지만 루소는 종종 복수를 암시했다. "결국에는 틀림없이 모든 것이 질서를 되찾을 것이고, 머지않아 내 차례가 올 것이다."[13]

---

12   루소, 『고독한 산책자의 몽상, 말제르브에게 보내는 편지 외』, 40~41쪽.
13   위의 책, 35쪽.

새로운 문법, 알고리즘

애초에 소셜 미디어는 현실의 과시적 인간들이 만든 폐쇄적 공동체 바깥에서 태동했다. 영화 「소셜 네트워크」는 사교 클럽과 파티에 몰두하는 '승리자들'과, 기숙사 방에 모여 컴퓨터 화면만 들여다보는 '패배자들'의 대비를 그린다. 승리자들이 전통적인 과시의 무대에서 자신을 뽐내는 데에 여념이 없던 바로 그 시간, 패배자들은 페이스북이라는 새로운 무대에 모여들고 있었다. 이 무대에서는 루소같이 소심한 사람들도 자신을 과시하며 사랑의 대상을 만날 수 있었다.[14] 이름만 알면 내가 아는 이성을 쉽게 찾을 수 있고 '친구'가 될 수도 있었다. 내가 어떤 관계를 원하는 사람인지도 보여 줄 수 있었다. 루소가 컴퓨터 공학을 전공했으면 좋을 뻔했다.

하지만 보다 정교해진 소셜 미디어의 무대는 오늘날 다시금 사교 클럽과 파티의 무대로 변화하고 있다. 이제 과시의 관건은 온라인과 오프라인의 경계를 넘나드는 것이다. 패배자들

---

14 루소의 사회적 소심함은 다음과 같은 인상적인 대목에도 드러난다. "사람들이 모임에서 어떻게 감히 말을 하는지 이해하기조차 어렵다. 왜냐하면 말을 할 때마다 그 자리에 있는 모든 사람들을 하나하나 둘러보아야만 하기 때문이다. (……) 둘만의 대화에서 내가 가장 괴롭게 생각하는 또 다른 난처한 일은 항상 말을 해야만 한다는 것이다. 누군가 여러분에게 말을 걸면 대답을 해야 하고, 말을 걸지 않으면 대화의 분위기를 띠어야 한다. 이 같은 참기 어려운 거북함만으로도 나는 사교계에 혐오감이 들었을 것이다." 루소, 『고백 1』, 164쪽.

은 승리자들이 과시하는 파티의 광경을 인스타그램 '스토리'로 본다. 하지만 그럼에도 이 새로운 과시의 무대에서 진정한 승리자는 따로 있다. 바로 알고리즘이다.

나를 어떻게 과시할 것인가? 애초에 가시성의 사회는 인간의 내면과 외양 사이의 단절을, 더 노골적으로는 거짓말을 전제하지만, 이제 진정으로 심대한 단절이 인간들 사이에 놓여 있는 것처럼 보인다. 나의 과시가 나의 작은 네트워크를 넘어서려면, 이제 친구들에 의존할 것이 아니라 알고리즘을 타야 한다. 이런 수사적 표현이 보여 주듯, 인간들 사이에는 이제 미지의 경계가 존재한다. 이는 가시성의 세계에 새로운 문법을 제공해 준다. 우리는 과거보다 더 많은 것을 보는 것 같지만, 무엇을 볼지 결정할 권한을 점차 상실하고 있다. 쏟아지는 피드는 나의 욕망을 보여 주는가? 그럴 수도 있고 그렇지 않을 수도 있다. 모자를 쓰고 국가를 함께 보기로 작정하기도 쉽지 않다. 알고리즘은 눈에 보이지 않기 때문이다.

루소 역시 자서전을 쓰기 전에 이와 유사한 형태의 국가를 만들었다. 루소의 국가에도 알고리즘이 존재했다는 뜻일까? 이 점에 대해 고찰하려면 국가의 역할에 대한 그의 문제의식을 들여다볼 필요가 있다.

인간이 사회적 교류를 하며 감정을 고양시킬 때 루소는 인간이 보다 이기적인 존재가 된다고 믿었다. 무엇보다도 서로를 비교하는 가운데 인간은 모욕감에 예민한 자기애를 갖게 된다. 반면 순진한 미개인들은 오히려 자기 자신의 생존을 위한 순수한 자기애와 타인에 대한 연민을 가지고 있었다.[15]

물론 루소 역시 홉스와 마찬가지로 자연상태를 가정하고 인간이 자기 보존을 위해 정치공동체를 구성해야 한다는 생각을 가지고 있었다. 루소의 유별난 관심이 있다면 그건 공동체을 만들면서도 인간이 노예로 전락하지 않고 순수한 자유를 어떻게 유지할 수 있느냐였다. 쉽게 말해 인간이 자기애적 존재라면, 어떻게 "자신에게 쏟아야 하는 보살핌도 등한시하지 않으면서" 사회를 만들 수 있을까?[16] 루소의 해법은 자기자신에 복종하는 것이었다. 어떻게? 모든 구성원은 자신이 가지고 있는 모든 권리를 공동체 전체에 양도한다. 자신에게는 어떤 권리도 남겨 두지 않아야 한다. 각자가 모두에게 모든 것을 양도하기 때문에 공평하며 특정인에게 구속되지 않는다는 논리가 성립한다.

우리 각자는 공동으로, 자신의 인격과 모든 힘을 일반의지의 최고 지도 아래 둔다. 그리고 우리는 단체로서, 각 구성원을

---

15 이처럼 루소는 자기애를 두 가지로 나누어서 설명한다. 순수한 자기애인 '아무르 드 수아(amour de soi)'는 타인과의 비교없이 자기 자신의 안녕을 도모하는 건강한 형태인 반면, 사회 속에서 형성된 '아무르 프로프르(amour-propre)'는 타인과의 관계 속에서 지위를 추구하는 인간형의 자기애라고 할 수 있다. 『사회계약론』의 목표는 '아무르 프로프르'를 다시 공동선에 결부시키는 것이었다.
16 장자크 루소, 김영욱 옮김, 『사회계약론』(후마니타스, 2018), 23쪽.

전체의 분리불가능한 부분으로 받아들인다.[17]

이제 개인(각자)과 집단(우리)은 부분과 전체의 관계로 규정된다. 하지만 이 관계는 기계적인 결합이 아니라 분리 불가능하다는 점에서 화학적이다. 나는 전체이며 전체는 나다. 이때 전체는 토론과 투표라는 과정을 거쳐 발견되는 나다.[18] '일반의지'는 바로 이 순수한 자기애와 타인에 대한 연민이 사익에 의해 왜곡되지 않은 솔직한 내면의 감정으로서 공동선을 지향하게 만드는 장치다. 루소의 기획은 단순히 인간을 계몽시켜 공적 이성을 갖춘 인간으로 변모시키는 것이 아니었다. 오히려 루소는 새로운 계약을 통해 인간의 솔직한 내면의 감정이 발견되기를 바랐다. 왜냐하면 인간의 감정은 문명의 베일 속에 은폐되어 있기 때문이다.

국가의 역할은 이 베일을 들춰 내는 것이다. 나의 내면을

---

17   위의 책, 25쪽.
18   『사회계약론』의 다음 구절들을 참고해 볼 수 있다. "모두의 의지는 사적인 이익에 몰두하며 개별의지의 합일 뿐이다. 그런데 이 개별의지들에서 서로 상쇄되는 더 큰 것들과 더 작은 것들을 빼면, 차이들의 합계로 일반의지가 남는다. 만약 인민이 충분한 정보를 가지고 심의할 때, 시민들 사이에 어떤 의사 교환도 없다면, 엄청나게 많은 수의 작은 차이들로부터 언제나 일반의지가 도출될 것이고, 심의는 언제나 좋은 결과를 가져올 것이다."(위의 책, 39쪽). "각자가 투표를 통해 그에 대한 자신의 의견을 말하면, 표를 계산하여 그로부터 일반의지의 선언이 도출된다. 따라서 나와 반대되는 의견이 우세하다면, 그것은 내가 잘못 생각했다는 사실, 내가 일반의지로 여겼던 것이 일반의지가 아니었다는 사실을 입증할 뿐이다."(위의 책, 132쪽).

가시성의 세계에 투명하게 드러내는 것이다. 문제는 은폐되어 있는 내면을 나 스스로도 알 수 없다는 데에 있다. 인간은 타락했으므로.

조금 거창하게 말하자면, 루소의 정치는 잃어버린 '진정한 나'를 다시 찾아가는 여정이다. 루소가 말하는 일반의지는 단순히 개인의 의지나 그것들의 합인 전체의지와는 질적으로 다르다. 말하자면, 공동선에 부합하는 나의 바람이 곧 일반의지가 된다. 반면 개별의지는 사회 속에서 각자가 원하는 바를 뜻하며, 이를 단순히 합쳐 놓은 것이 전체의지다. 이기심으로 가득한 욕망들을 한데 모아 봤자, 거기서 좋은 결과가 나오긴 어려울 것이라는 것이 루소의 생각인 듯하다.

일반의지는 분명 난해한 개념이지만 이렇게 설명해 보면 어떨까? 물질 사회에 타락한 나는 내 목구멍을 자극해 줄 탄산음료를 마시고 싶다. 그런 사람들이 모여서 바라게 되는 것은 탄산음료다. 국가는 매일 한차례 탄산음료를 제공해야만 한다. 하지만 탄산음료의 과도한 당분은 심혈관계 질환을 야기하므로 나의 육체가 건강하게 지속될 수 없다. 나를 사랑하는 나는 참을 수 없다. 게다가 내가 염려하는 주변 사람들까지 모두가 심혈관 질환에 고통받는다면 공동체의 존속도 위태로울 것이다. 그래서 '진정한 나'는 건강한 음료를 원할 것이 분명하다! 사람들이 모여 합리적인 토론과 다수결을 거친다면, 그 일반의지의 결과 국가는 탄산음료를 금지하고 매일 한차례 건강 음료를 제공할 것이다.

이쯤 되면 일반의지는 나의 의지와 무관한 어떤 것처럼 보인다. 루소는 분명 "우리는 언제나 자신에게 좋은 것을 원하지만, 자신에게 좋은 것이 무엇인지 항상 아는 것은 아니"라고 보았다.[19] 반면 공동선을 지향하는 일반의지는 언제나 옳다고 단언했다. 그렇다면 루소의 희망은 "모든 사람들이 동의하여 서로 마음을 열고 비밀스럽고 사적인 의지를 완전히 포기한" 공동체다.[20] 아이러니하게도 이 공동체에서 누구도 자신이 원하는 것을 알 수 없다. 단지 공동체의 내밀한 원리를 통과하면 그동안 베일에 가려졌던 자신이 진정으로 원하는 것을 얻을 수 있다. 가시성의 세계 속에 있는 나는 진정한 나를 알 수 없다. 우리는 정치를 통해 투명한 사회에서 나를 찾아야 한다.

투명한 망상

루소의 정치이론은 그의 개인적 삶과 긴밀히 맞닿아 있다. 그

19   위의 책, 39쪽.
20   스타로뱅스키, 앞의 책, 96쪽. 이 점에 대해서 스타로뱅스키는 다음과 같은 해석을 덧붙인다. "투명성이 일반의지에서 실현된다면 사회를 선호해야겠고, 오로지 고독하게 살아갈 때 투명성을 성취할 수 있다면 고독하게 사는 것을 선호해야 한다."

가 삶 속에서 집요하게 추구한 것은 타인에게 자신의 내면을 완전히 드러내고 인정받는 일이었지만, 현실에서 그는 그것이 불가능하다는 사실을 끊임없이 경험했다. 마찬가지로 정치이론에서도 그는 내면의 진정한 의지가 투명하게 반영되는 국가를 상상했지만, 그것은 사회 속에서 실현될 수 없는 이상이었다.

> 아! 나를 기다리고 있던 운명을 어떻게 내가 예견할 수 있었겠는가? 그 운명에 맡겨진 지금은 또 어떻게 그것을 납득할 수 있겠는가? 나는 과거나 현재나 여전히 똑같은 사람인데, 어느 날 갑자기 한 치의 의심도 없이 괴물로 독살자로 암살자로 여겨지고 간주되리라고, 하찮은 족속들의 노리개이자 인류의 공포가 되리라고, 행인들이 건네오는 모든 인사가 내게 침을 뱉는 것이 되리라고, **한 세대 전체가 만장일치로** 기꺼이 나를 생매장하리라고, 내 상식으로 짐작이나 할 수 있었겠는가?[21]

루소가 『사회계약론』에서 사회에는 다수결이라는 제도가 일반의지를 드러내기 이전에 최초의 만장일치가 있을 수밖에 없다고 주장한 것을 상기해 보면, 자신을 옭아맨 사회적 모욕감을 '한 세대 전체의 만장일치'의 음모로 이해하는 그의 모습

---

21   루소, 『고독한 산책자의 몽상, 말제르브에게 보내는 편지 외』, 16쪽.

에서 오늘날 과시의 실패자들을 읽어 내는 것은 어려운 일이 아니다. 어쩌면 루소의 망상 속에서 국가는 자신이 만든 논리를 충실히 따르고 있는지도 모른다. 순진한 루소조차도 일반의지의 결과를 어떻게 짐작할 수 있었겠는가?

불가능한 투명성이 강제로 구현될 때, 국가는 폭력으로 변할 수밖에 없다. 개인에게 과시의 실패가 망상으로 이어진다면, 국가의 경우 폭력으로 비화된다. 루소적 국가는 많은 자유주의자들에게 비판의 대상이 되었지만, 루소 자신이 그러한 국가의 피해자라는 사실이 낯설게 느껴진다. 하지만 조금 더 자세히 들여다보면 루소적 개인과 루소적 국가는 공모한다는 사실을 알 수 있다. 우리는 무엇이 순수한 만장일치인지 영영 알 수 없으므로, 모욕받은 인간은 다시 순수한 국가를 상상할 수 있다. 루소의 개인적 실패와 국가론의 한계는 가시성의 세계를 부정한다는 점에서 서로 깊게 연결되어 있다.

오늘날 보이지 않는 알고리즘을 따르는 소셜 미디어는 루소적 국가와 닮았다. 둘 다 투명성을 약속하지만, 실제로는 욕망을 강제하고 질서를 통제하는 장치로 쉽게 변질된다. 또한 이 무대 안에서도 과시경쟁에 실패한 이들은 좌절과 배제를 경험한다. 루소가 고독 속에서 세계적 음모를 상상했듯, 오늘날의 소셜 미디어 역시 패배자들에게 음모론의 유통 경로이자 집결지가 된다. 큐어넌(QAnon) 같은 수많은 온라인 공동체가 과시의 실패자들에게 새로운 무대를 제공한다. 우리는 모두 이런 루소적 국가 안에 살고 있는 셈이다. 그들은 고립되어 있으되, 고립되지 않는다. 그들의 망상은 언제든 과시될 수 있다. 과시에 실패한 그들은 이 땅의 거짓말들을 종식시키고 순수한 정치를 복원하려고 한다. 그들은 거짓말 게임의 베일을 벗기려고 한다.

하지만 루소도 마크도 결국 자신이 만들어 낸 장치로부터 구원받지 못했다. 루소가 고독 속에서 세상의 음모를 끝없이 상상했다면, 「소셜 네트워크」 마지막 장면 속 마크는 자신을 변호해 주던 여자 변호사가 이해관계를 이유로 저녁식사를 거절하자 페이스북으로 친구 신청을 하고, 답을 기다리며 무한히 새로고침 버튼을 누른다. 그는 페이스북이라는 거대한 질서를 창조했지만, 정작 자신도 그 세계 속에서도 여전히 끝없는 기다림과 고립을 반복한다. 이 장면은 루소와 마크의 운명을 포개어 보여 준다. 개인적 과시의 좌절이 국가나 플랫폼의 창안으로 승화되었지만, 그 승화의 산물은 다시금 자신을 옭아매는 사슬로 돌아온 것이다. 스마트폰 화면에 시선을 고정한 사회는 역설적으로 보이지 않는 세계에 갇혀 있다.

다시, 거짓말 게임으로

오늘날 정치의 위기는 과시의 실패 속에 놓여 있다. 사회적으

연인은 깊은 친밀감을 나누는 듯 보이지만, 그들의 시선은
각자의 스마트폰 화면에 고정되어 있다. 이들은 현대판 루소의
오두막집에 살고 있지만 그 오두막은 더 이상 함께 머무는 공간이 아니라
각자가 시선을 둔 곳에 존재한다. 이전보다 더 투명하게
연결된 우리는 정작 사회적 감정을 나눠야 할 대상과의 관계에서는
실패하고 있는 것은 아닐까? 거대하고 촘촘한 소셜 미디어의
스크린 속에 갇힌 우리가 진정한 감정을 교류를 하기 위해서는
섬세하게 조율된 과시가 필요하다.

뱅크시, 「모바일 연인들 Mobile Lovers」(Bristol, England, 2014)

로 만연한 과시와 정치적으로 소외된 과시의 뚜렷한 공존 속에서 정치적 감정은 휘몰아친다. 폭력은 말하지 못하는 진실과 말할 수 있는 진실 사이에서, 보다 정확히는 보이지 않는 내 마음과 타인과 공존할 수 있는 외양의 경계에서 발생한다. 가시성의 세계를 부정하면 할수록 우리는 더 뒤틀린 방식으로 이 세계에서 자신을 출현시킬 것이다. 폭력의 경계 위에서 서로 공존하기 위해서는, 보이는 것이 전부인 이 세계에서 서로의 지위를 의식하며 자신을 겸허히 출현시키는 것이 필요하다. 우리는 어쩌면 정말로 동등하게 만나진 못할지 모른다. 그럼에도 불구하고 우리가 얼굴을 맞대고 살아가려면 우리가 모두 가면을 쓴 존재들이라는 사실에서 출발할 필요가 있다.

실패한 과시 속에서도 루소가 남긴 교훈이 있다면, 인간의 폭력성이 단순히 사회적 교류의 산물이 아니라 그 과정에서 불가피하게 생겨나는 질투라는 감정의 부산물이라는 사실이다. 루소는 문제의 근원을 끝내 사회적 교류 탓으로 돌리고 고립된 인간에게서 순수성을 되찾으려 했지만, 사실 인간은 교류 속에서 이러한 감정을 관리하고 조율하는 공유된 경험을 쌓아 왔다. 국가라는 정치공동체를 만들고 유지하며 다시 갱신하는 일 역시 바로 이러한 경험 위에 놓여 있다.

사회적 지위가 서로를 바라보는 상호주관적 세계의 산물이라면, 우리는 이 세계의 이야기를 함께 써 내려가는 공동의 배역을 맡고 있는 셈이다. 드라마 속 인물이 그러하듯, 거짓말 게임이 없다면 불평등한 이 세계에서 우리는 솔직한 감정을 끝내 드러내지 못할지도 모른다. 정치적으로 공존해야 하는 우리에게 필요한 것은 진실이나 거짓 그 자체가 아니라, 감정을 조율하는 섬세한 과시다.

거짓말 게임을 받아들이든 그렇지 않든, 이 책이 그려 온 국가의 모습은 정치공동체가 거대한 담론이 아니라 작은 행위들과 언어의 섬세한 결 속에서 만들어지고 또 해체될 수 있다는 사실을 드러낸다. 국가는 마키아벨리의 시대에 군주의 불안정한 지위라는 문제로 부상한 뒤, 이후 상업 자본주의의 물결 속에서 가시성의 사회 속 지위불안을 해결하는 가장 유력한 정치적 해법으로 등장했다. 확고한 자본주의 시대를 살아가는 오늘날 우리는 타인의 시선 속에서 자신의 지위를 확보해야만 한다는 점에서 애덤 스미스와 막스 베버가 목격하고 이해하고자 했던 사회 속에서 여전히 살아간다. 그런 점에서 우리는 여전히 근대인이다. 나는 과시적 지위의 문제가 홉스를 통해 근대국가의 초기 비전 속에서 다루어졌다는 점을 강조함으로써 국가를 이해하는 이러한 방식이 현재에도 여전히 유효한 정치적 지혜임을 보여 주고자 했다.

오늘날 루소의 오두막집은 거대하면서도 촘촘한 소셜 미디어 제국으로 발전했다. 이 세계는 한층 가시성이 뚜렷해진 사회의 모습을 전면화하면서 지위불안을 폭증시킨다. 아침에 눈을 떠 스마트폰만 들여다보면 전 세계에서 자신의 지위를 과시하는 사람들을 만날 수 있다. 보고 싶지 않지만 결국 보고 야 마는 질시의 스크롤 한가운데에서 매일 길을 잃으면서, 우 리는 동등하게 만나기 위해 필요한 섬세한 몸짓을 잃어버렸다. 정치는 이 새로운 오두막집에서 길어 올린 분노와 질투의 감 정을 해결하려 하기보다 오히려 서로를 향한 폭력을 분출시킨 다. 누가 진실을 말하는지 겨루고, 당신이 불안한 이유는 나쁜 정치인들의 거짓말 때문이라고 다투면서 말이다.

나는 거짓말이 난무하는 오늘날의 정치 속에서 오히려 인 간의 과시적 면모들을 읽어 내고, 그 이면에 자리하고 있는 불 평등하고 불안정한 지위의 문제로 우리의 관심이 옮아 가길 바란다. 그렇게 초점을 전환할 수 있을 때, 우리는 서로의 불평 등한 지위를 '말할 수 없는 진실'로 만드는 거짓말 게임을 다시 수행하고 갱신할 가능성을 비로소 마주하게 될 것이다. 그것이 야말로 서로가 서로에게 점차 꼴보기 싫은 존재가 되어 가는 과시의 시대에 다시금 정치공동체를 만들어 갈 수 있는 유일 한 길이다. 그럼 이제 다시, 거짓말 게임을 한번 시작해 보자.

한 작품은 언제나 다른 작품들에 의해 지탱된다. 『거짓말 게임』을 구상하고 쓰는 동안 나는 여러 책과 영화에서 크고 작은 도움을 받았다. 어떤 작품은 나의 주제와 긴밀하게 연결되었고, 또 어떤 작품은 조금 멀리서 간접적인 영감을 주었다. 이 책을 구상하기 훨씬 전부터 읽은 책들도 물론 있다. 이 목록이 『거짓말 게임』을 읽은 독자 여러분들이 각자의 관심사를 찾고 더 넓은 맥락을 발견하는 데 작은 길잡이가 되면 좋겠다.

극장국가

국가의 과시적 면모를 강조하는 클리퍼드 기어츠의 극장국가 개념은 『거짓말 게임』의 중요한 주제 중 하나다. 정병호와 권헌익이 함께 쓴 **『극장국가 북한』**은 북한의 세습 문제를 다루며 기어츠와 베버의 국가론을 대비시키고 있다는 점에서 중요한 영감을 제공해 주었다. 국가는 왜 과시를 할까? 국가 역시 인정이 필요하기 때문인데 이와 같은 인정의 정치는 국내적인 차원과 국제적인 차원 모두에서 작용한다. 특히 일본은 정치 권위를 둘러싼 정교한 시학을 가진 대표적인 국가다. 와타나베 히로시는 『**동아시아 왕권과 사상**』에서 '어위광'으로서 쇼군의 상징권력이 수행되는 방식을 정교하게 그린다. 이러한 전통 위에서 서구의 근대국가 모델을 수입하는 데에 비상한 노력을 경주했던 극장국가 일본의 모습을 다카시 후지타니의 『**화려한 군주**』에서 살펴볼 수 있다. 한국의 사례로는 계승범의 『**정지된 시간**』이 있다. 조선의 국왕이 이미 멸망한 명나라 황제들에게 제사를 지내던 창덕궁의 대보단은 왕의 지위를 신하들에게 연출하는 일종의 극장이었다. 근대국가라는 모델을 수입하고 지위를 인정받으려는 국가들의 노력은 근대적 헌법을 입안하는 과정에서도 드러나는데, 린다 콜리의 『**총, 선, 펜**』은 헌법도 과시의 차원에서 이해될 수 있다는 것을 보여 준다.

거짓말과 정치

거짓말과 정치의 관계는 실로 복잡한데 이 책은 거짓말이 정치에서 필수 불가결하다는 생각을 지지하는 편이다. 그렇다고 정치에서 거짓말이 언제나 용인될 수는 없을 것이다. 거짓말과 정치의 관계에 대해 규범적으로 판단하기 위해서는 우선 거짓말이 무엇인지 정의하는 것이 필요하다. 이 책에서 인용한 라르스 스벤젠의 『**거짓말의 철학**』과 자크 데리다의 『**거짓**

말의 역사』에서 도움을 받았다. 거짓말은 누군가를 속이는 기만일 수도 있고 상상적 허구일 수도 있다. 정치체제에서 거짓말은 조지 오웰의 『1984』에서 보여 주는 것처럼 권력의 도구가 될 수 있지만, 허구적 픽션은 새로운 체제를 상상하는 원동력이 될 수 있다. 토머스 모어의 『유토피아』가 단적인 사례다. 나는 거짓말과 정치의 관계를 옹호하면서 특히 불평등한 지위라는 주제에 주목했는데, 여기에는 앤서니 밍겔라 감독의 영화 「리플리」가 큰 영감을 주었다. 이 영화는 재능이 있지만 열악한 지위에 있던 청년이 거짓말을 반복하며 비극으로 치닫는 이야기를 다룬다. 퍼트리샤 하이스미스의 원작소설 **리플리 5부작**에 등장하는 인물 리플리는 거짓 자아에 몰입하는 병적인 증후군을 일컫는 말이 되기도 했다. 이러한 비극적 스토리를 통해서도 동등한 지위를 구현하기 위해서는 여럿이 함께 거짓말을 수행하는 게임이 필요하다는 것을 배울 수 있다. 반대로 거짓말이야말로 허구적 희망이라는 점을 로베르토 베니니 감독의 영화 「인생은 아름다워」는 보여 준다. 가족과 함께 나치 수용소에 끌려온 주인공 귀도는 아들에게 수용소의 참혹한 현실을 숨기고 이를 게임으로 가장한다. 거짓말에는 목적이 중요하다는 이 책의 관점을 다른 방식으로 생각해 볼 수 있는 작품이다.

이 책을 이끈 최초의 키워드는 과시였다. 이 책의 출발점인 문학잡지 《릿터》 연재 '국가를 감상하는 법'에서 나는 정치적 대표의 산물로서 국가를 미학적 감상의 대상으로 이해해 보고자 했다. 연재를 마칠 때쯤, 대표라는 관념이 지닌 난해함을 사회적 과시의 문제 속에서 풀 수는 없을지 고민하게 되었는데 그 과정에서 몇 권의 책이 도움이 되었다. 앤드류 포터의 **『진정성이라는 거짓말』**은 정체성 정치의 기반이 된 진정성이라는 개념이 오히려 증명의 형태를 띨 수도 있다는 감각을 일깨워 줬다. 진정성이 아니라 일종의 과시적 프로필성을 다루는 한스 게오르크 묄러와 폴 담브로시오의 **『프로필 사회』**는 포터의 책과 정반대의 논점을 다룬다는 점에서 비교해 읽기 유용하다. 엘리자베스 커리드핼킷의 **『야망계급론』**은 소스타인 베블런의 논제를 확장함으로써 진정성에 기반한 '비과시적 소비'라는 주제를 다루는데, 나는 이런 책들을 읽으면서 오히려 과시라는 개념이 여전히 유효하다고 느꼈다. 이졸데 카림의 **『나르시시즘의 고통』**은 과시라기보다는 자기애를 다루고 있지만, 이 책을 읽으면서 소셜 미디어에 만연한 과시 문화를 생각해 볼 수 있었다. 내가 마지막 장에서 과시의 실패 사례로 다룬 영화 「소셜 네트워크」와 소재로서 경쟁한 작품은 메리 헤론 감독의 영화 「아메리칸 사이코」였는데 이 영화 속 몇몇 장면은 과시 문화를 탁월하고도 냉소적으로 보여 준다. 이 영화는 과시적 인간이야말로 망상에 빠질 수 있다는 점 그리고 인정욕과 폭력이 관련되어 있다는 점을 보여 준다. 영화 속에서 트럼프가 과시의 참조점으로 등장하는 장면도 흥미롭다. 이 책과 함께 감상해 볼 것을 추천한다. 정치적 대표 문제를 진지하게 이해해 보려는 독자들이 있다면, 모니카 브리투 비에이라와 데이비드 런시먼이 함께 쓴 『대표』를 추천한다. 나는 『거짓말 게임』을 통해 시민들이 동등하게 대표될 수 있다는 말을 동등하게 과시된다는 말로 고쳐 썼다. 마이클 S. 최의 『사람들은 어떻게 광장에 모이는 것일까?』는 같은 말을 게임이론적 관점에서 이해할 수 있게 도와준다.

동등하다는 생각

정치철학은 동등성을 일종의 정의의 문제로 접근한다. 존 롤스의 『정의론』이 어려운 독자라면 『공정으로서의 정의: 재서술』이 도움이 될 수 있다. 롤스의 정치철학에서 강조하는 '무지의 장막'은 우리가 서로의 지위와 정체성을 블랙박스 처리함으로써 공평한 분배에 도달할 수 있다고 믿는 정치적 대표의 원리 가운데 하나다. 이 장막도 베일이자 가면이다. 이러한 방식으로 롤스는 사회 전체의 이익을 강조하는 공리주의에 대한 대안으로서 권리를 보호하는 분배이론을 제시할 수 있었다. 마이클 샌델은 이 원리가 공동체에서 삶을 영위하는 자아의 맥락을 탈각시킨다고 비판한 바 있다. 샌델은 최근 토마 피게티와 평등에 대한 짧은 대담집 『기울어진 평등』을 출간했는데 불평등을 이해하는 데에 있어서 경제학자와 정치철학자 사이의 미묘한 관점 차이를 보여 준다. 피케티의 『평등의 짧은 역사』 역시 함께 읽기를 추천한다. 한편 샌델을 포함한 공동체주의자들은 인간이 사회 전체의 이익이나 자신의 이익이 아니라 공동체 안에서 일종의 문화적 표현을 갖는다는 헤겔 철학을 따른다. 찰스 테일러의 『헤겔과 현대사회』는 헤겔 철학의 핵심에 인간이 어떻게 이성적으로 자유로우면서도 자연과 대립하지 않고 자기를 포함하는 보다 넓은 질서를 표현하는 매개가 될 수 있을지에 대한 물음이 있었다고 해석한다. 나는 찰스 테일러의 책을 여러 번 읽으며 인간이 동등하다는 생각을 정치적 표현의 형태인 극장국가와 연결하는 아이디어를 떠올렸다. 한편 불평등은 우선 경제적인 문제로 보이지만 곧 정치의 문제와 연결된다. 조지프 스티글리츠의 『불평등의 대가』는 바로 이 지점에서 경제적 불평등과 민주주의의 위기를 진단한다. 반대로 정치와 경제를 분리하려는 줄기찬 시도를 다룬 퀸 슬로보디언의 『크랙업 캐피털리즘』을 통해서도 동등성에 대한 비판적 성찰을 얻을 수 있다. 로버트 달의 『정치적 평등에 관하여』는 정치적 (불)평등이 감정의 문제와 연결된다는 점을 보여 준다는 점에서 이 책의 문제의식과 연결된다.

픽션

사회를 구성적 산물로 이해하는 관점에 대해서는 피터 버거와 토마스 루크만의 고전적 연구인 『실재의 사회적 구성』이 좋은 참고문헌이다. 찰스 테일러의 『근대의 사회적 상상』 역시 이 책을 구상하는 데에 밑거름이 됐다. 테일러는 사상과 제도를 사회적 상상으로 연결할 수 있는 관점을 제시해 줌으로써, 사상을 읽으면서 사회를 이해하는 일이 여전히 유효하다는 것을 일깨워 줬다. 화폐와 허구의 관계에 대한 생각들을 정리하는 데에는 본문에 인용한 저작들 외에도 데이비드 그레이버의 『가치이론에 대한 인류학적 접근』이 도움이 됐다. 홉스의 리바이어던 이미지를 극장국가 논의와 연결하는 아이디어는 스티븐 스필버그 감독의 영화 「파벨만스」에서 영화적 허구를 다루는 방식, 특히 존 포드 감독이 등장하는 마지막 장면을 볼 때 우연히 떠올렸다.

거짓말 게임
: 지위를 과시하는 세계에서
너와 내가 동등하게 만나기 위한 정치학

1판 1쇄 찍음	2025년 10월 24일
1판 1쇄 펴냄	2025년 11월 7일

지은이	조무원
발행인	박근섭·박상준
펴낸곳	(주)민음사

출판등록	1966. 5. 19. 제16-490호
주소	서울시 강남구 도산대로 1길 62(신사동)
	강남출판문화센터 5층(06027)
대표전화	02-515-2000
팩시밀리	02-515-2007
홈페이지	www.minumsa.com

© 조무원, 2025. Printed in Seoul, Korea

ISBN   978-89-374-9234-1 03300